# 読書バリアフリーの世界
## の世界

大活字本と電子書籍の普及と活用

野口武悟

三和書籍

# 序章

# 「大活字本」の世界へようこそ

「本を読みたくても、読むことができない。」
さまざまな理由から、
読書を諦めている人がいることをご存知でしょうか。
他人事ではなく、自分にも降りかかる問題として、
「プリントディスアビリティ」の問題を、
知っていただきたいと思います。
まずは知ることが、みんなが本を読むのに困らない、
「読書バリアフリー」環境を目指す、第一歩です。

　本書は、サブタイトルにもある通り、「大活字本」を中心に扱っています。

　みなさんは、「大活字本」と聞いてどのような本をイメージしますか。「文字が大きい本」「高齢者向けの本」など、さまざまな答えが返ってきそうです。確かに、これらのイメージは正しいのですが、それで「大活字本」の全体をうまくカバーできているわけでもないのです。

　では、「大活字本」とは一体何なのか。本書では、知っているようで知らない「大活字本」の世界を、その背景や関連分野にも触れながら、まるごと解説していきたいと思います。

## 序.1　「本の飢餓」という問題

　ところで、みなさんは、「本の飢餓」という言葉を聞いたことがありますか。

　「本」と「飢餓」の組み合わせを不思議に思う人もいることでしょう。「本」は、私たちが生きていくうえで不可欠な知識や、情報を得る源泉です。その「本」を欲しても手にできないとしたら、それを「飢餓」といわずして、何といえばよいでしょうか。

　「本の飢餓（Book Famine）」（「読書の飢餓」ともいいます）は、視覚障害者が利用しやすい様式の書籍（例えば、点字図書、録音図書、大活字本など）の入手が難しく、読みたくても読めない状態にあることを表しています。世界盲人連合によると、視覚障害者が利用しやすい様式の書籍を入手できる割合は、先進国でも7％

程度、開発途上国にあっては 1%にも満たないといいます。

　自分が書籍を"読みたくても読めない状態"にあると想像してみてください。どんなに辛く、苦しく、深刻な問題であるかが理解できると思います。

## 序.2　少なくない「プリントディスアビリティ」の
　　　　ある人（＝視覚障害者等）

　この「本の飢餓」は、実は視覚障害者だけの問題ではありません。視覚障害はなくても、「視覚による表現の認識が困難」な人たちがいます。こうした人たちを「プリントディスアビリティ（Print Disability）」のある人（日本の法律では「視覚障害者等」）と総称しています。

　例えば、発達障害者のなかには、「ディスレクシア（Dyslexia）」（読字障害）という状態で、読みづらさを感じている人もいます（図 1）。また、肢体不自由等のために、手で書籍等を持ってページをめくることが難しい人や、脳性まひ等のために書籍等の紙面に視線を定めることが難しい人などもいます。

　こうした「プリントディスアビリティ」のある人にとっても、「本の飢餓」は切実な課題なのです。

　国際図書館連盟（IFLA）が 2012 年に採択した「IFLA プリントディスアビリティのある人々のための図書館宣言」では、「プリントディスアビリティ」のある人と「本の飢餓」の世界的な状況を次のように述べています。

　　「世界には 1 億 6100 万人を超える全盲と弱視の人々がおり、こ

## 図1 「ディスレクシア」の人の文字見え方

文字がにじんで見える　文字がゆらいで見える

鏡文字となって見える　文字がかすんで見える

（出典：公益財団法人日本障害者リハビリテーション協会リーフレット）

の数は増えつつある。身体障害、知覚障害、発達障害、認知障害あるいは学習障害のために印刷物を効果的に読むことができない、その他のプリントディスアビリティのある人々は、さらに多い。これらがともに、従来型の書籍、雑誌またはウェブサイトを読むことができない非常に多くの人々を構成している。このターゲットグループにとってアクセシブルな出版物は、全体の5％未満であり、アクセシブルなウェブサイトは、報告によれば20％未満である」

## 図2　特別支援教育の現状（義務教育段階）

### 特別支援学校等の児童生徒の増加の状況(2011→2021)

（各年度の数は5月1日現在）

- ○ 直近10年間で義務教育段階の児童生徒数は1割減少する一方で、特別支援教育を受ける児童生徒数はほぼ倍増。
- ○ 特に特別支援学級（2.1倍）、通級による指導（2.0倍）の増加が顕著。

|  | （2011年度） |  | （2021年度） |
|---|---|---|---|
| 義務教育段階の全児童生徒数 | 1,054万人 | 0.9倍 | 961万人 |
| 特別支援教育を受ける児童生徒数 | 28.5万人 **2.3%** | 1.9倍 | 53.9万人 **5.6%** |

**特 別 支 援 学 校**
視覚障害　聴覚障害　知的障害
肢体不自由　病弱・身体虚弱 ── 6.5万人 **0.6%** ─ 1.2倍 → 8.0万人 **0.8%**

**小 学 校・中 学 校**

特別支援学級
知的障害　肢体不自由
身体虚弱　弱視　難聴
言語障害　自閉症・情緒障害 ── 15.5万人 **1.5%** ─ 2.1倍 → 32.6万人 **3.4%**

通常の学級（通級による指導）
言語障害　自閉症　情緒障害
弱視　難聴　LD　ADHD
肢体不自由　病弱・身体虚弱 ── 6.5万人 **0.6%** ─ 2.0倍 → 13.3万人 **1.4%**
※2011年度は公立のみ

※通級による指導を受ける児童生徒数は、2019年5月1日現在の数（出典：通級による指導実施状況に関する調査）。
その他は2021年5月1日現在の数（出典：学校基本統計）。

（出典：内閣府『令和4年度障害者白書』，2022年）

　もちろん、障害者のすべてが「プリントディスアビリティ」のある人というわけではありませんが、重なる部分が大きいといえます。

　また、「本の飢餓」や「プリントディスアビリティ」というと、大人の問題と思われがちですが、子どもでも同様です。図2は現在の日本の義務教育段階における特別支援教育の状況を示しています。この10年で特別支援教育を受ける子どもが大きく増加しています。

　当然ですが、誰しも年齢とともに読みづらさを感じやすくなります。日本の高齢化率は世界で最も高くなっています（図3）から、

## 図３　高齢化の国際的な動向

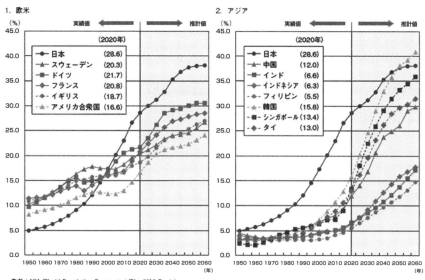

資料：UN. World Population Prospects：The 2019 Revision
ただし日本は、2020年までは総務省「国勢調査」、2025年以降は国立社会保障・人口問題研究所「日本の将来推計人口（平成29年推計）」の出生中位・死亡中位仮定による推計結果による。

（出典：内閣府『令和４年度高齢社会白書』，2022年）

読みづらさで困っている人の割合も他国より高いと思われます。自分は障害者ではないから「本の飢餓」や「プリントディスアビリティ」は関係ないということはないのです。いずれはすべての人が直面する可能性のある課題なのです。

## 序．3　読書をあきらめなくていい環境づくりの必要性

　自分が読みづらくなったとき、みなさんはどうしますか。「目が見えにくくなったから、もう歳だし、本を読むのはやめよう」とあきらめてしまいますか。どうかあきらめないでください。

　「本の飢餓」も「プリントディスアビリティ」も加齢に伴う読み

づらさも、決して自分に障害があるからとか、歳だから仕方ないなどと、思わないでほしいのです。"読みたくても読めない状態"は、その状態にある個々人のせいではないのですから。

では、どうしたらよいのでしょうか。

その答えの1つが、「**これまでの読書を取り巻く環境を変えていくこと**」です。つまり、「本の飢餓」を解消して、障害や年齢に関わらず、誰もが読書できる環境の実現を目指して取り組みを進めるのです。

例えば、点字図書、録音図書、大活字本などの出版・流通を盛んにして、どの書店や図書館に行ってもそれらを入手できる環境を作ることなどです。こうした環境の実現は、無理なのではないかと思われるかもしれません。しかし、いま、「読書バリアフリー法」が制定されるなど、「読書バリアフリー」環境の実現に向けての歩みが着実に進み始めています。

冒頭で、本書は、「大活字本」を中心に扱ったと述べました。この「大活字本」という存在自体、「読書バリアフリー」環境と切っても切り離せない関係にあります。その具体的なところを、第1章以降で一緒に探っていきましょう。

## 序.4　本書の構成と概要

本書は、専門家向けの専門書ではなく、多くの人たちに「大活字本」のこと、そして「読書バリアフリー」のことを知ってほしいとの思いで執筆した一般書です。そのため、難しい専門用語や表現は意味が変わらない範囲で、なるべく平易に書き改めました。また、「大活字本」をテーマとしていますので、本書も文字サイズはやや大き

めに組んであります。

本書の構成は、次の通りです。

第1章「「読書バリアフリー法」とは何か」は、「読書バリアフリー」環境の実現に向けた取り組みを支える「読書バリアフリー法」を取り上げます。この法律が作られた経緯、内容、そして今後の展望について説明していきます。

第2章「さまざまな「バリアフリー資料」」は、「本の飢餓」を解消し、「読書バリアフリー」環境を実現するために欠かせない「大活字本」を含む「バリアフリー資料」の種類や特徴を紹介します。また、「読書バリアフリー法」ではアクセシブルな電子書籍に注目しているのですが、電子書籍と紙の書籍との違いや特性などについても説明したいと思います。

第3章と第4章は、「大活字本」にフォーカスして、その過去・現在・未来を考えます。

第3章「「大活字本」のあゆみ」は、大活字本が登場する前後のあゆみを見ていきたいと思います。

また、第4章「「大活字本」出版の現状と展望」は、大活字本出版の現在の動向を主な出版社ごとに見ていきます。加えて、今後の展望について、拡大などが自在にできるアクセシブルな電子書籍との関係に触れながら考えたいと思います。

第5章「「大活字本」を読む」では、図書館などで大活字本が実際にどのように提供されているのか、読者は大活字本をどのように捉えているかを図書館や読者の声（コラム）を交えながら、探っていきたいと思います。

第6章「アクセシブルな電子書籍への期待」は、「読書バリアフリー法」で注目しているアクセシブルな電子書籍について、第2章や第4章もふまえつつ、その現状や普及に向けての取り組みについて見ていきたいと思います。

　最後の終章「読書から「誰一人取り残さない」社会の実現に向けて」では、本書全体のまとめを述べます。

　それでは、読者のみなさん、「大活字本」の奥深い世界を一緒に探っていきましょう。

【文献】
・国際図書館連盟「IFLA プリントディスアビリティのある人々のための図書館宣言」
https://www.dinf.ne.jp/doc/japanese/access/ifla/ifla_lpd_manifesto.html（最終アクセス：2023 年 3 月 31 日）

# 目次　index

# 第5章 「大活字本」を読む

# 第6章 アクセシブルな電子書籍への期待

# 終章 読書から「誰一人取り残さない」社会の 実現に向けて

# 第1章

# 「読書バリアフリー法」とは何か

正式名称は、
「視覚障害者等の読書環境の整備の推進に関する法律」
といいます。
まずは、この法律の制定・施行までの経緯を追いながら、
必要性について考えてみます。
そして、法律の内容を確認することで、
「読書バリアフリー法」が目指す社会について、
一緒に考えてみましょう。

　「はじめに」で述べたように、いま「読書バリアフリー」環境の実現に向けた取り組みが進められつつあります。それを支える法律が「読書バリアフリー法」です。正式には「視覚障害者等の読書環境の整備の推進に関する法律」といい、2019（令和元）年6月に制定・施行されました。

　本章では、この「読書バリアフリー法」が作られた経緯、内容、そして今後の展望について説明していきます。

## 1.1　「読書バリアフリー法」制定の経緯

### （1）「マラケシュ条約」締結と「著作権法」改正

　「読書バリアフリー法」制定を目指す動きは、以前からありました。特に「国民読書年」だった 2010（平成22）年にその機運が高まりました。

　参議院の「国民読書年に関する決議」（2008年6月6日）では、その冒頭で「**文字・活字によって、人類はその英知を後世に伝えてきた。この豊穣で深遠な知的遺産を受け継ぎ、更に発展させ、心豊かな社会の実現につなげていくことは、今の世に生きる我々が負うべき重大な責務である**」と述べています。この責務のなかには、「本の飢餓」の解消、ひいては「読書バリアフリー」環境の実現があって然るべきです。しかし、このときは、「読書バリアフリー法」制

定の実現に至りませんでした。その後も、「読書バリアフリー法」制定による「本の飢餓」解消を目指して、視覚障害者等の当事者団体による地道で粘り強い働きかけが続けられました。

　転機が訪れたのは、2018（平成30）年のことです。日本が「マラケシュ条約」に加入することになったのです。正式には「盲人、視覚障害者その他の印刷物の判読に障害のある者の発行された著作物を利用する機会を促進するためのマラケシュ条約」といい、2013年6月に世界知的所有権機関（WIPO）において採択された条約です。「本の飢餓」を解消するための国際協力の仕組みの1つといえます。

## 図4 「マラケシュ条約」による国際交換のしくみ

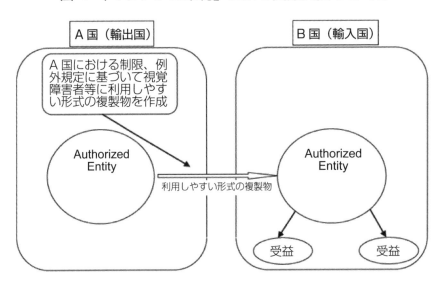

（出典：文化庁国際課「世界知的所有権機関（WIPO）等における最近の動向について」，2013年）

　この条約を締結することで、締結国間において「プリントディスアビリティ」のある人（視覚障害者等）が「利用しやすい様式の複製物」（各国の「著作権法」における権利制限規定により作られた書籍等）を Authorized Entity（AE：権限を与えられた機関）を介して交換できるようになります（図4）。

　「マラケシュ条約」締結に関する国会承認の手続きは2018年4月に完了し、翌年1月から発効しました。

　「マラケシュ条約」締結にあわせて、2018（平成30）年5月には「著作権法」の一部改正が行われました。こちらも、2019年1月に施行されました。この法改正により、第37条第3項が改正されました。

　この規定が、前述の「「著作権法」における権利制限規定」に当たります。改正に伴い、この規定の対象者を、「プリントディスアビリティ」のある人とほぼ同じである、「視覚障害その他の障害により視覚による表現の認識が困難な者」（以下、視覚障害者等）に改めました。また、対象者のために、著作権者に無許諾で複製（音声化、デジタル化など）できるだけでなく、公衆送信も可能としました。さらに、この規定にもとづく複製と公衆送信の主体にボランティアグループも含むことになりました。

　図書館において音訳者などが録音図書などを作ることができる法的な根拠が、この規定になります。

　「著作権法」の一部改正にあたっては、「視覚障害者等の読書の機会の充実を図るためには、本法と併せて、当該視覚障害者等のためのインターネット上も含めた図書館サービス等の提供体制の強化、アクセシブルな電子書籍の販売等の促進その他の環境整備も重要であることに鑑み、その推進の在り方について検討を加え、法制上の

措置その他の必要な措置を講ずること」との附帯決議が、衆参両院の委員会でなされました。このことも「読書バリアフリー法」制定への弾みとなりました。

　同じころ、国会議員による超党派の「障害児者の情報コミュニケーション推進に関する議員連盟」が設立されました。そして、議員立法で「読書バリアフリー法」制定に取り組むことになったのです。

## (2)「障害者差別解消法」の制定・施行

　「読書バリアフリー法」制定以前から、「読書バリアフリー」に資する法律がなかったわけではありませんでした。

　例えば、「障害者差別解消法」です。正式には、「障害を理由とする差別の解消の推進に関する法律」といい、2013（平成25）年6月に制定され、2016（平成28）年4月に施行されています。国際連合が2006年12月に採択した「障害者の権利に関する条約」締結のための国内法整備の一環で制定されたのがこの法律でした。

　「障害者差別解消法」では、行政機関に対して障害者への「合理的な配慮（reasonable accommodation）」の提供を義務づけました（民間の事業者については2024年度から義務化）。ここでいう行政機関のなかには、公立の図書館も含まれます。また、「障害者差別解消法」では、「合理的な配慮」の的確な提供に向けた「環境整備（事前的改善措置）」に努めることも、行政機関と民間の事業者の双方に求めています。

　では、「合理的な配慮」、「環境整備（事前的改善措置）」とは、どのようなことを指すのでしょうか。

　「合理的な配慮」は、「障害者の権利に関する条約」において「障

害者が他の者との平等を基礎として全ての人権及び基本的自由を享有し、又は行使することを確保するための必要かつ適当な変更及び調整であって、特定の場合において必要とされるものであり、かつ、均衡を失した又は過度の負担を課さないものをいう」と定義されています。

　公立の図書館に即してわかりやすくいえば、"障害者からの意思の表明にもとづき、状況や場面に応じた変更及び調整を、図書館の体制や費用などに負担がかかり過ぎない範囲において行うこと"といえるでしょう。

　この「合理的な配慮」を的確に提供するための取り組みが、「環境整備（事前的改善措置）」です。計画的・継続的な「環境整備（事前的改善措置）」によって過度の負担を減らすことができ、「合理的な配慮」の提供可能性を高めます。「障害者差別解消法」では、「自ら設置する施設の構造の改善及び設備の整備、関係職員に対する研修その他の必要な環境の整備に努めなければならない」と規定しています。

　「合理的な配慮」の具体例については、内閣府や図書館の業界団体である公益社団法人日本図書館協会が公表しているガイドラインなどが参考になります。関心がありましたら、アクセスしてみてください（URL は 2023 年 3 月現在）。

・**内閣府**「合理的配慮サーチ：合理的配慮等具体例データ集」（図 5）
https://www8.cao.go.jp/shougai/suishin/jirei
・**日本図書館協会**「図書館における障害を理由とする差別の解消の推進に関するガイドライン」

https://www.jla.or.jp/portals/0/html/lsh/sabekai_guideline.html

・**日本図書館協会**「図書館における障害を理由とする差別の解消の推進に関するガイドラインQ＆A」

https://www.jla.or.jp/portals/0/html/lsh/guidelineqa.html

・**日本図書館協会**「JLA 障害者差別解消法ガイドラインを活用した図書館サービスのチェックリスト」

https://www.jla.or.jp/portals/0/html/lsh/checklist.html

　あわせて、日本図書館協会では、「障害者差別解消法」施行直前の 2015（平成 27）年 12 月に「図書館利用における障害者差別の解

図5　内閣府「合理的配慮サーチ：
合理的配慮等具体例データ集」（2023 年 3 月現在）

## 障害の種別から探す

| ▶ 全般 | ▶ 視覚障害 | ▶ 聴覚・言語障害 |
|---|---|---|
| ▶ 盲ろう | ▶ 肢体不自由 | ▶ 知的障害 |
| ▶ 精神障害 | ▶ 発達障害 | ▶ 内部障害、難病等 |

## 生活の場面から探す

| ▶ 行政 | ▶ 教育 | ▶ 雇用・就業 |
|---|---|---|

消に関する宣言」を採択しています。その結びで「全国のすべての図書館と図書館職員が、合理的配慮の提供と必要な環境整備とを通じて、図書館利用における障害者差別の解消に、利用者と手を携えて取り組むことを宣言する」と述べています。

このように、「障害者差別解消法」によって、「読書バリアフリー法」制定前から、公立の図書館では図書館利用や読書における「合理的な配慮」の提供義務と、その的確な提供のための「環境整備（事前的改善措置）」の努力義務があったわけです。また、図書館の業界としても、さまざまなガイドラインなどを公表して、取り組みを促してきました。

しかし、2018（平成30）年度に国立国会図書館が実施した「公共図書館における障害者サービスに関する調査研究」によると、「視覚障害者などに対する障害者サービスの実績が「確かに」あるといえる図書館は2割にも満たない」現状や、「障害者差別解消法」施行を受けても、新たなサービスなどを「検討していない」図書館が3割を超える状況などが示されていました。

こうした状況の改善につなげるべく、「読書バリアフリー」に特化した法律の制定が望まれていたのです。


## 1.2 「読書バリアフリー法」の内容

このような経緯のもとに2019（令和元）年6月に制定・施行された「読書バリアフリー法」は、全18条からなります（表1）。

## 表1 「読書バリアフリー法」の構成

第一章　総則
　第一条　目的
　第二条　定義
　第三条　基本理念
　第四条　国の責務
　第五条　地方公共団体の責務
　第六条　財政上の措置等
第二章　基本計画等
　第七条　基本計画
　第八条　地方公共団体の計画
第三章　基本的施策
　第九条　視覚障害者等による図書館の利用に係る体制の整備等
　第十条　インターネットを利用したサービスの提供体制の強化
　第十一条　特定書籍及び特定電子書籍等の製作の支援
　第十二条　視覚障害者等が利用しやすい電子書籍等の販売等の
　　　　　　促進等
　第十三条　外国からの視覚障害者等が利用しやすい電子書籍等
　　　　　　の入手のための環境の整備
　第十四条　端末機器等及びこれに関する情報の入手の支援
　第十五条　情報通信技術の習得支援
　第十六条　研究開発の推進等
　第十七条　人材の育成等
第四章　協議の場等
　第十八条　協議の場等
附則

では、どのような内容なのでしょうか。

まず、第1条では、目的が示されています。すなわち、「**視覚障**

**害者等の読書環境の整備を総合的かつ計画的に推進し、もって全ての国民が等しく読書を通じて文字・活字文化の恵沢を享受することができる社会の実現に寄与すること」**です。

　また、第3条には、次の3つの基本理念が示されています。要約すれば、以下の3つです。

(1)　視覚障害者等が利用しやすい電子書籍等は、視覚障害者等の読書の利便性向上に著しく資するので、その普及を図るとともに、電子書籍等以外の視覚障害者等が利用しやすい書籍も引き続き提供されること

(2)　視覚障害者等が利用しやすい書籍及び電子書籍等の量的拡充と質の向上が図られること

(3)　視覚障害者等の障害の種類及び程度に応じた配慮がなされること

　これ以降の条文では、国・地方公共団体の責務や、「視覚障害者等による図書館の利用に係る体制の整備等」、「インターネットを利用したサービスの提供体制の強化」など9つの基本的施策などが規定されています。

　これらの規定から「読書バリアフリー法」のポイントを簡潔に整理すると、次の4点にまとめられるでしょう。

(1)　公立の図書館だけでなく、国立国会図書館、大学図書館、学校図書館、点字図書館といったすべての図書館が施策の対象となっています。また、出版界の取り組みの重要性についても規

定されています。言い換えれば、視覚障害者等が利用しやすい様式の書籍・電子書籍を「借りる」だけでなく「買う」ところまでをカバーした法律であるということです。

(2)「読書バリアフリー」施策の推進に向けて、国に「読書バリアフリー基本計画」（正式には「視覚障害者等の読書環境の整備の推進に関する基本的な計画」）の策定を義務づけ、地方公共団体（都道府県、市区町村）に「読書バリアフリー計画」（正式には「視覚障害者等の読書環境の整備の推進に関する計画」）の策定を努力義務としています。国の第一次「読書バリアフリー基本計画」は 2020（令和 2）年 7 月に策定、公表されています。

(3) 情報通信技術（ICT）を活用することで視覚障害者等の読書の利便性が大きく向上することから、紙の書籍だけでなく、アクセシブルな電子書籍に注目して、その普及を図ろうとしています。

(4) 視覚障害者等の当事者、出版社、図書館、行政などの関係者による連携を重視しています。関係者間での常設の協議の場として国には「視覚障害者等の読書環境の整備の推進に係る関係者協議会」が 2019 年 11 月に設けられています。同様の場の設置が地方公共団体レベルでも望まれます。

# 1.3 「読書バリアフリー法」制定後の展望

　前述のポイントの 2 点目でも述べたように、「読書バリアフリー

法」では、国だけでなく、地方公共団体に「読書バリアフリー計画」の策定を努力義務ながらも求めています。

　文部科学省が 2022（令和 4）年 2 月 1 日現在で都道府県、政令市、中核市のあわせて 129 自治体を対象に調べた「視覚障害者等の読書環境の整備の推進に関する計画の策定状況一覧」によると、北海道、埼玉県、愛知県、大阪府、鳥取県、徳島県、さいたま市、神戸市、郡山市、八王子市、金沢市、豊田市、高松市がすでに策定済と回答しています。

　このうち、単独の「読書バリアフリー計画」として策定済なのは、大阪府、鳥取県、徳島県、高松市で、他の道県や市は、既存の「障害者福祉計画」などの一部に盛り込む形での策定でした。一方で、129 自治体のうち半数近い 61 自治体は計画策定の「予定なし（未定）」との回答でした。

　このように、地方公共団体における計画策定の動きは徐々に進展しつつあるといえます。しかし、「予定なし（未定）」との回答も半数近くにのぼり、地方公共団体間での温度差が浮き彫りとなっています。とりわけ、都道府県における「読書バリアフリー計画」の策定は、都道府県内の市区町村における計画策定を促すためにも、とても大きな意味を持つと筆者は考えています。

　実際、「都道府県が作ったらうちも作る」という市区町村は多いのです。しかし、都道府県レベルでも 11 自治体は「予定なし（未定）」でした。少なくとも、都道府県レベルでは、すべてが策定するように文部科学省による一層の働きかけを期待したいと思います。

　地方公共団体の「読書バリアフリー計画」は、域内の今後の「読書バリアフリー」環境の実現に向けた方向性や道標を示すものです

から、とても重要です。

しかし、当然ながら、計画が策定されれば、即、「読書バリアフリー」環境の実現とはなりません。「読書バリアフリー」に実際に取り組むのは、各出版社や図書館などに他ならないからです。計画策定が「予定なし（未定）」の地方公共団体に所在する出版社や図書館も、計画の策定を待つのではなく、いまできることを主体的に取り組んでほしいと思います。

特に、図書館に関しては、「読書バリアフリー法」や国の「読書バリアフリー基本計画」のなかで、「視覚障害者等が利用しやすい書籍等の充実、視覚障害者等が利用しやすい書籍等の円滑な利用のための支援の充実その他の視覚障害者等によるこれらの図書館の利用に係る体制の整備」などが盛り込まれています。これらの内容の多くは、すでに本章1節で述べた、「合理的な配慮」や「環境整備（事前的改善措置）」とも重なります。

したがって、内閣府や日本図書館協会によるガイドラインなどが、取り組みを進めるうえで参考になります。

次章以降では、大活字本を中心に、「視覚障害者等が利用しやすい書籍等」の種類と特徴を見ていきたいと思います。

なお、2022年5月には、「障害者情報アクセシビリティ・コミュニケーション施策推進法」という新しい法律も制定・施行されました。正式には「障害者による情報の取得及び利用並びに意思疎通に係る施策の推進に関する法律」といいます。この法律は、「全ての障害者が、社会を構成する一員として社会、経済、文化その他あらゆる分野の活動に参加するためには、その必要とする情報を十分に取得し及び利用し並びに円滑に意思疎通を図ることができることが

極めて重要であることに鑑み」制定されました。

　読書が情報の取得の重要な手段の 1 つであることに鑑みれば、「障害者情報アクセシビリティ・コミュニケーション施策推進法」も「読書バリアフリー」環境の実現に関わる法律の 1 つといえるでしょう。

　「障害者差別解消法」、「読書バリアフリー法」、そして「障害者情報アクセシビリティ・コミュニケーション施策推進法」と、新しい法律の制定が続いています。これらの法律に定める目的や理念、施策を各々の現場でいかに具現化できるかが、いま問われているのです。

【文献】
・宇野和博「障害者・高齢者のための「読書バリアフリー」を目指して：2010 年国民読書年と電子書籍元年に文字・活字文化の共有を」『出版ニュース』2207 号、2010 年 4 月、p.12-15.
・国立国会図書館関西館図書館協力課編『公共図書館における障害者サービスに関する調査研究（図書館調査研究リポート No.17）』国立国会図書館、2018 年、118p.
・野口武悟，植村八潮編著『改訂　図書館のアクセシビリティ：「合理的配慮」の提供へ向けて』樹村房、2021 年、223p.

【付記】
本章の内容は、下記の拙稿に加筆のうえ再構成したものである。
・野口武悟「読書バリアフリー法の制定背景と内容、そして課題」『カレントアウェアネス』344 号、2020 年 6 月、p.2-3.
・野口武悟「「合理的な配慮」がすべての図書館に義務化へ（連載：「誰一人取り残さない」図書館を目指して　第 1 回）」『LISN』192 号、2022 年 6 月、p.19-20.
・野口武悟「「読書バリアフリー法」を知って、生かす（連載：「誰一人取り残さない」図書館を目指して　第 2 回）」『LISN』193 号、2022 年 9 月、p.19-20.

# 第2章

# さまざまな
# 「バリアフリー資料」

「読書バリアフリー」環境に必要なものは、
さまざまなカタチの「バリアフリー資料」です。
なぜ、「さまざまなカタチ」が必要なのでしょうか。
1つずつみていくことで、
「バリアフリー資料」を取り巻く
現状と課題を確認してみましょう。

　「本の飢餓」を解消し、「読書バリアフリー」環境を実現するためには、「読書バリアフリー法」にいう「視覚障害者等が利用しやすい書籍等」の充実が欠かせません。

　この「視覚障害者等が利用しやすい書籍等」については、「バリアフリー資料」、「アクセシブルな書籍」、「視覚障害者等用資料」など、さまざまな呼び方がされています。本書では、「**バリアフリー資料**」を用いることにしたいと思います。

　本章では、「バリアフリー資料」にはどのような種類があるのか、種類ごとの特徴もあわせて紹介したいと思います。なかでも、大活字本について詳しく取り上げます。

　また、第１章で述べた通り、「読書バリアフリー法」では、アクセシブルな電子書籍に注目しています。なぜ電子書籍なのか。紙の書籍との違い、電子書籍の特性なども説明します。

## 2.1 多様な読書ニーズとスタイル

　「バリアフリー資料」には、実にさまざまなカタチがあります。点字図書、音声図書、LLブック、布の絵本などなど。紙に印刷されているものもあれば、情報通信技術（ICT）を用いた電子コンテンツもあります。さらには布を用いて作られているものもあります。大活字本もこうしたさまざまなカタチのなかの１つです。

　では、なぜ、さまざまなカタチの「バリアフリー資料」があるの

でしょうか。それは、それらを必要とする人たちの読書ニーズとスタイルが多様だからです。

　読書スタイルが多様といわれても、イメージしづらいかもしれません。というのも、私たちの多くは、"読書＝黙読"と捉えているからです。なかには、「黙読」が読書スタイルの完成形のように思っている人もいるかもしれません。

　**しかし、読書スタイルは、視覚を通しての「黙読」だけではありません。**

　音声化された書籍の内容を聴覚を通して読む「**聴読**」という読書スタイルがありますし、点字を指の触覚を通して読む「**触読**」という読書スタイルもあります。書籍の内容を自分で声に出しながら読み進める「**音読**」も読書スタイルの1つです。

　このように、読書には多様なスタイルがあって、そこに優劣は一切ありません。こうした読書スタイルの多様さは、読書に対するニーズの多様さの表れでもあります。


　主な読書に対するニーズを挙げてみます。


## ①拡大して読みたい

　文章の文字サイズを大きくしたり、行間を調整したりすることで、読書しやすくなる人がいます。


## ②音声で読みたい

　文章を人が読み上げたり、コンピュータの合成音声で読み上げたりすることで、読書しやすくなる人がいます。

### ③触知で読みたい

　文章の文字や図などを点字に変換して指で触知できるようにすることで、読書しやすくなる人がいます。

### ④リライト（わかりやすく）したもので読みたい

　文章の内容を「やさしい日本語」などに直すことで、読書しやすくなる人がいます。あわせて、読者の理解を助けるために絵記号（ピクトグラム）などを添えることもあります。

### ⑤手話とともに読みたい

　文章に手話の写真を添えたり、文章の内容を手話で表現したりすることで、読書しやすくなる人がいます。

### ⑥電子で読みたい

　紙の書籍を電子化することで、パソコン、タブレット、スマートフォンなどのICT機器を用いて拡大・音声読み上げ・点字出力などが可能となります。そうすることで、読書しやすくなる人がいます。

　これらのニーズは、"視覚障害者＝拡大して読みたい"のように固定化されているわけではありません。
　例えば、「拡大して読みたい」ニーズは、視覚障害者だけでなく、ディスレクシア（読字障害）のある発達障害者にもありますし、不随意運動があって視線を定めにくい脳性まひの人にもあります。また、高齢者のなかにもあります。音声で読みたいなど他のニーズにあっても同様です。

したがって、これらのニーズをふまえて作られたさまざまな「バリアフリー資料」も“視覚障害者用”とか“高齢者向け”のように読者を限定せずに、必要な人は誰でも読めるようにしていきたいものです（ただし、2.6で述べる著作権法の規定に留意する必要があります）。

## 2.2 「バリアフリー資料」の種類と特徴

「バリアフリー資料」には、次のような種類があります。特徴とともに紹介します。

### (1) 点字図書（点訳絵本、点字付きさわる絵本を含む）

点字は、文字や記号を点の組み合わせによって表現する文字です。通常は紙面に凸状に浮き出た状態で印字され、それを指で触知して読書（触読）します（図6）。

この点字を用いて作られた書籍が点字図書です（図7）。

出版（市販）されているものと、図書館などで点訳者と呼ばれるボランティアなどによって作られるものがあります。点訳絵本や点字付きさわる絵本も点字図書の一種です。

現在では、紙に印字した点字図書だけでなく、点字図書のデータ（点字データ）を点字ディスプレイ（ピンディスプレイ）というICT機器で読むこともできるようになっています（図8）。なお、図書のほかにも、点字雑誌や点字新聞もあります。

## 図6　点字一覧

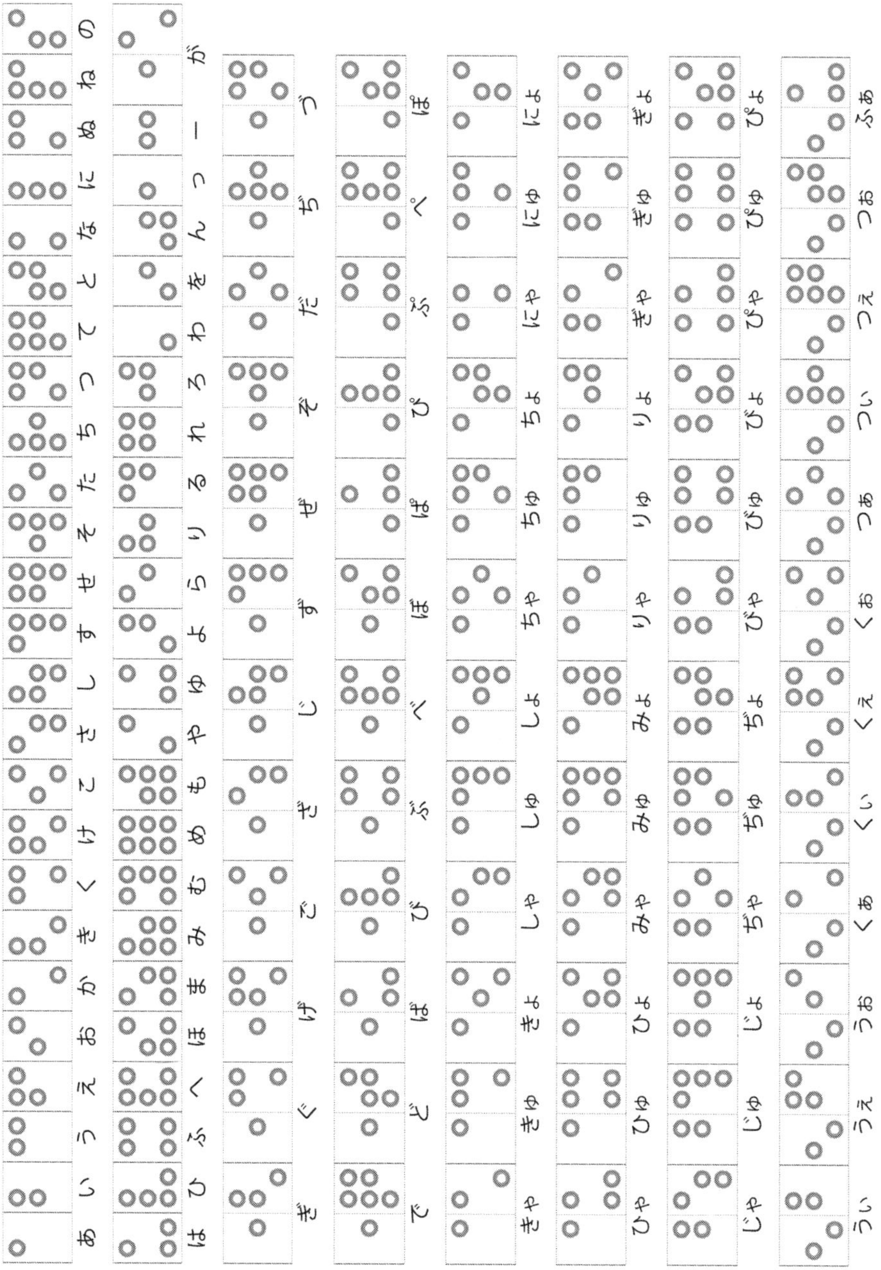
あ い う え お か き く け こ さ し す せ そ た ち つ て と な に ぬ ね の
は ひ ふ へ ほ ま み む め も や ゆ よ ら り る れ ろ わ を ん っ ー が
ぎ ぐ げ ご ざ じ ず ぜ ぞ だ ぢ づ
で ど ば び ぶ べ ぼ ぱ ぴ ぷ ぺ ぽ
きゃ きゅ きょ しゃ しゅ しょ ちゃ ちゅ ちょ にゃ にゅ にょ
ひゃ ひゅ ひょ みゃ みゅ みょ りゃ りゅ りょ ぎゃ ぎゅ ぎょ
じゃ じゅ じょ ぢゃ ぢゅ ぢょ びゃ びゅ びょ ぴゃ ぴゅ ぴょ
うぃ うぇ うぉ くぁ くぃ くぇ くぉ つぁ つぃ つぇ つぉ ふぁ

## 図7　点字図書の例

（出典：佐賀県立視覚障害者情報交流センター　https://sagaten.jp/volunteer/
volunteer-braille-book/）

## 図8　点字ディスプレイの例

（出典：同志社大学　バリアフリープロジェクト HP　https://www1.doshisha.
ac.jp/~msakata/barrierfree/custom13.html）

## (2) 音声図書（オーディオブック、録音図書）

　既刊の書籍内容を音声化して録音し、聴覚を活用して読書（聴読）するための“声の本”です。出版（市販）されているオーディオブックと、図書館などで音訳者と呼ばれるボランティアなどによって作られる録音図書に大別できます。このうち後者は、近年までカセットテープ形態でしたが、現在はデジタル録音図書の国際標準規格である DAISY（Digital Accessible Information SYstem：デイジー）が主流となっています。

　DAISY で作られた録音図書のデータは、CD などのパッケージに収めて読者に提供されます。加えて、近年では、インターネットを介してのデータ提供も行われています。その仕組みに「サピエ図書館」（全国視覚障害者情報提供施設協会）や「視覚障害者等用データの収集および送信サービス」（国立国会図書館）があります。これらの仕組みでは、（1）で述べた点字データも提供されています。仕組みの詳細は 2.5 で説明します。

## (3) 布の絵本

　布の絵本は、点字図書と同じように、指で触知して読書（触読）します。台布にフェルトなどを用いて絵を縫い付けたり貼ったりして作ります（図9）。

　ほとんどの作品がボランティアなどによる手作りですが、一部市販されている作品もあります。北海道札幌市にある公益財団法人ふきのとう文庫（http://fukinotou.org）では、図書館などの公的施設に対して布の絵本の販売も行っています。

図9　布の絵本の例

(出典：ふきのとう文庫
　http://fukinotou.org/report_detail.php?ID=105&SO=ETC)

## (4) LL ブック

　LL ブックは、「やさしい日本語」による文章、文章の意味理解を
助ける絵記号（ピクトグラム）などを用いて作られた書籍です（図
10）。LL は、スウェーデン語の Lättläst の略で、"やさしく書かれ
ていてわかりやすい"という意味です。「やさしい日本語」は、難
しい言葉や表現をわかりやすく言い換えるなどして相手に配慮した
日本語のことです。

　外国にルーツのある人、知的障害者、認知症のある高齢者など、「や
さしい日本語」を必要としている人はたくさんいます。したがって、
LL ブックは、必ずしも子ども向けというわけではなく、読者の生

活年齢にあったテーマをわかりやすく伝えることが意図されています。

　出版（市販）される作品は増えつつありますが、それでも既刊の作品数はまだ少ない現状です。

　筆者の研究室が産学連携で運営する「ハートフルブック」（https://heartfulbook.jp）というウェブサイトでは、主だった既刊のLLブックを紹介していますので、参考にしてください。

## 図10　LLブックの例

やさいいためと ごはんを つめて、
おべんとうが できました。
ダイエットのために、おかずは ひとつです。

今日の おべんとう箱は、
友だちから たんじょう日に もらいました。

おべんとうをつくる 理由は、もうひとつ あります。
諒子さんには、結婚したい 恋人がいます。
ふたりぐらしに 向けて、
料理を がんばっています。

りょうこ　りょうり　べんとう　おわり

りょうこ　りょうり　くりかえし

8　　　　　　　　　　　　　　　　　　　　　　　9

（『コトノネ』編集部著／原智彦、野口武悟監修『介護の仕事（仕事に行ってきます第6巻)』埼玉福祉会出版部、2020年）

## （5）手話付き絵本

　手話付き絵本は、手話が写真や動画で挿入された絵本です（図11）。紙の絵本とデジタル絵本がありますが、両者とも既刊の作品は少数にとどまっています。

### 図11　手話付き絵本の例

（『手話で楽しむ絵本』偕成社、2020年）

　このほか、大活字本やアクセシブルな電子書籍も「バリアフリー資料」に含まれますが、これらについては、2.3と2.4で詳しく述べます。

　なお、日本に住む外国にルーツのある人にとっては、日本語での読み書きに困難を感じる人も少なくありません。したがって、外国にルーツのある人からすれば、日本語の書籍に対して、自身の母語（第一言語）で書かれた書籍は「バリアフリー資料」と捉えること

ができます。

## 2.3　大活字本

　みなさんは、コンピュータ端末で Word（ワード）などの文書作成ソフトを使ったことがあるでしょうか。Word の場合、文字サイズは 10.5 ポイントが標準設定となっています。つまり、Word のソフトを立ち上げた段階で入力したときに表示される文字サイズが 10.5 ポイントということです。

　では、私たちが普段手に取ることの多い紙の書籍の文字サイズはどれくらいでしょうか。

　文庫本で 8 ポイント、それ以外では 9 ポイントが多いようです。いかがでしょうか。コンピュータの利用に慣れてしまった人にとって、紙の書籍も文字を小さく感じる人は少なくないようです。ちなみに、本書は約 11.5 ポイントで作られています。

　こうした通常の紙の書籍の文字サイズに対して、大活字本は、出版社による違いもありますが、14 ～ 22 ポイント程度の文字サイズで作られています（図 12）。文字が大きくて読みやすいことがわかると思います。

　また、大活字本のなかには、文字サイズを大きくしただけではなく、字と字の間隔や行間を調整したり、書体（フォント）にゴシック体を使ったり、黒字の紙面に白文字を用いて印刷したりして、より読みやすさを意識して作られた作品もたくさんあります。ジャン

ルも、文芸から実用書、辞・事典類まで幅広く、図書館や書店で見かけることも増えてきました。

　大活字本は、出版（市販）された書籍を指します。それに対して、図書館などでボランティアなどが手作りする拡大写本もあります。大活字本の出版が日本で始まるのは1970年代からですので、それ以前は手作りの拡大写本が読者のニーズに応えていました。もちろん、今でも拡大写本は作られています。歴史については、第3章で改めて述べたいと思います。

## 図12　大活字本の例

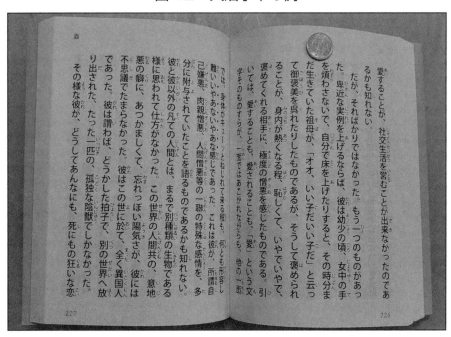

（『大活字本シリーズ　江戸川乱歩②　人間椅子』三和書籍、2023年）

## 2.4　ICT の持つ利便性

　文字の拡大は、電子書籍などの電子コンテンツでも可能です。特に、タブレットやスマートフォンであれば、画面を指でピンチ（2本の指をつまむように操作すること）するだけで文字を拡大できるコンテンツがたくさんあります（逆に縮小もできます）。みなさんも、スマートフォンを操作していて、使ったことのある機能ではないでしょうか。

　また、電子書籍などの電子コンテンツには、拡大のほかにも、背景色を変更したり、音声で読み上げたり、点字ディスプレイで読めたりするものもあります。

　こうした機能のことを「アクセシビリティ機能」と呼んでいます。そして、こうした機能を備えた電子書籍などの電子コンテンツのことを、「アクセシブルな電子書籍」や「アクセシブルな電子コンテンツ」といいます。

　アクセシブルな電子書籍には、大活字本、音声図書、点字図書といった個別の「バリアフリー資料」が持つ特徴の、複数またはすべてを有しているといえます。

　電子書籍は、別の言い方をすれば、書籍の電子データです。つまり、1つのデータで、拡大や音声読み上げなどの多様な読書ニーズとスタイルに応じたマルチな使い方ができるのです。こうした特性のことを「ワンソース・マルチユース（one source multi use）」と

いいます。実に利便性の高い特性といえます。第1章で述べた「読書バリアフリー法」がアクセシブルな電子書籍に注目している理由は、ここにあります。

こうした特性を最大限に生かした最もアクセシブルな電子書籍の1つが、マルチメディア DAISY 図書です。DAISY については、すでに 2.2 の（2）音声図書で説明した通り、当初は録音図書の規格として生まれましたが、現在は、電子書籍の規格へとさらに発展しています。マルチメディア DAISY は、音声に文章や画像を同期（シンクロ）させて読むことができ、読者のニーズにあわせて拡大や背景色の変更なども可能となっています（図13）。

マルチメディア DAISY 図書は、今のところ、出版社によって市販されているものはありません。各地の図書館などでボランティアなどが手作りしたり、公益財団法人日本障害者リハビリテーション協会や公益財団法人伊藤忠記念財団が製作して頒布しています。

日本障害者リハビリテーション協会では、会員登録することで、「DAISY ライブラリー」や「デイジー子どもゆめ文庫」からマルチメディア DAISY 図書の提供を受けることができます。また、伊藤忠記念財団では希望する全国の図書館などにマルチメディア DAISY 図書を「わいわい文庫」と名付けて毎年寄贈する事業を行っています。

ほかにも、DAISY 規格の電子書籍には、テキスト DAISY 図書もあります。こちらには、マルチメディア DAISY 図書と違って、音声は入っていません。ICT 機器の音声読み上げソフトなどを用いて読み上げる形になります。テキスト DAISY 図書も図書館などで手作りされていて、出版（市販）はされていません。

## 図 13　マルチメディア DAISY 図書の主な特徴

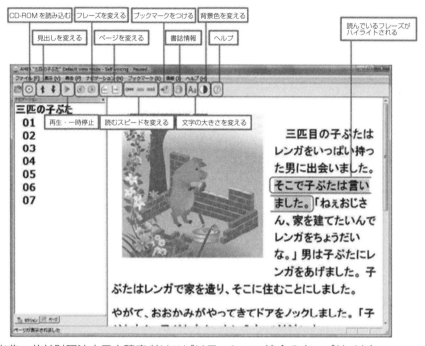

（出典：公益財団法人日本障害者リハビリテーション協会のウェブサイト）

　出版社による取り組みとしては、紙の書籍を購入すると視覚障害者等に限って、その書籍の内容のテキストデータを提供する取り組みをしているところがあります。テキストデータも、アクセシブルな電子コンテンツの一種です。

　近年は、出版（市販）された電子書籍の作品も増えています。まだ紙の既刊書籍の内容を電子化したものが多いですが、紙の書籍を経ずに電子書籍になったボーンデジタルの作品もあります。ただし、ここで注意しなければならないのは、出版（市販）されている電子書籍作品のすべてが前述したアクセシブルな電子書籍とは限らない

ということです。そこには、電子書籍のデータ形式などが関係してきます。詳しくは第6章で述べたいと思います。

## 2.5 「バリアフリー資料」の現状

　ここまで「バリアフリー資料」の種類と特徴を見てきました。もうおわかりのように、「バリアフリー資料」には出版（市販）されているものと、図書館などでボランティアなどによって手作りされているものの、大きく2つのタイプがあります。したがって、「バリアフリー資料」の全体的な実態を把握することは容易ではありません。ただし、全国の図書館における所蔵率を見ることで、全体像の一端を知ることができます。

　図14は、全国の公共図書館に所蔵されている「バリアフリー資料」の割合を示しています（2020年度末現在）。

　図14からは、「バリアフリー資料」の種類によって、公共図書館における所蔵率にばらつきが大きいことがわかります。全体的な傾向としては、大活字本など出版（市販）されている種類の「バリアフリー資料」ほど所蔵率が高いこと、また、テキストデータ、点字データ、アクセシブルな電子書籍などの電子コンテンツ系は、所蔵率がまだ低いことが指摘できます。

　すでに述べたように、読者のニーズとスタイルは多様ですから、いくつかの種類の「バリアフリー資料」が普及していれば、それで十分というわけにはいきません。

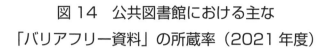

図 14　公共図書館における主な
「バリアフリー資料」の所蔵率（2021 年度）

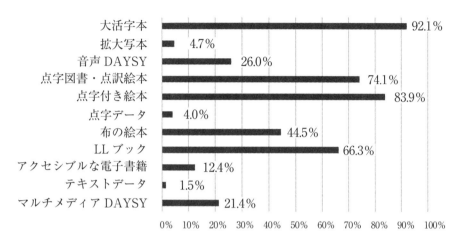

（全国公共図書館協議会『2021 年度（令和 3 年度）公立図書館における読書バリアフリーに関する実態調査報告書』、2022 年、p.18 の表 2.1 をもとに作図）

　こうした現状を補い、読書ニーズに応えるために、図書館では古くからボランティアなどの協力のもとに、出版（市販）されていない種類の「バリアフリー資料」を中心に自ら作ってきました。しかし、いま、それを担うボランティアなどの高齢化や人材確保の困難さが課題となってきています。はたして、これまでのやり方で持続可能なのかが問われているのです。

　書籍づくりは、「バリアフリー資料」であっても、本来、出版社の仕事です。そのことを考える好事例があります。2022（令和 4）年 12 月、大手出版社の小学館は、ある作品を通常の書籍版のほかに、アクセシブルな電子書籍版、オーディオブック版、テキストデータ版、点字図書版など、あわせて 7 種類で同時出版すると発表しまし

た。1つの作品をいろいろな種類で同時出版する、いわゆるマルチモーダル出版の取り組みです。こうした取り組みが他の出版社にも広がってほしいと願っています。

## 2.6 「著作権法」の規定と「バリアフリー資料」

　図書館などでボランティアが「バリアフリー資料」を手作りしていることを述べてきましたが、みなさんのなかに"著作権は大丈夫なの？"と思った人もいることでしょう。本章の最後に、この点について説明したいと思います。

　例えば、ある図書館で、元になる書籍（原本）の文章をボランティアが拡大して拡大写本を作ったとします。この行為を法的には複製といいます。複製するためには、原則として、元の書籍の著作権者に許諾を得る必要があります。しかし、「著作権法」には、著作権者に許諾を得なくても、複製してもよいケースが示されています。これを著作権者の権利制限規定といいます。その権利制限規定の1つに「バリアフリー資料」の複製に関する規定があります。

　具体的には、「著作権法」第37条第1項と同条第3項です。具体的な条文を見てみましょう。

　第三十七条
　　公表された著作物は、点字により複製することができる。

　この規定により、点字への複製については、図書館に限らず誰でも元の書籍の著作権者に無許諾で行うことができます。

第三十七条

3　視覚障害その他の障害により視覚による表現の認識が困難な者（以下この項及び第百二条第四項において「視覚障害者等」という。）の福祉に関する事業を行う者で政令で定めるものは、公表された著作物であつて、視覚によりその表現が認識される方式（視覚及び他の知覚により認識される方式を含む。）により公衆に提供され、又は提示されているもの（当該著作物以外の著作物で、当該著作物において複製されているものその他当該著作物と一体として公衆に提供され、又は提示されているものを含む。以下この項及び同条第四項において「視覚著作物」という。）について、専ら視覚障害者等で当該方式によつては当該視覚著作物を利用することが困難な者の用に供するために必要と認められる限度において、当該視覚著作物に係る文字を音声にすることその他当該視覚障害者等が利用するために必要な方式により、複製し、又は公衆送信を行うことができる。ただし、当該視覚著作物について、著作権者又はその許諾を得た者若しくは第七十九条の出版権の設定を受けた者若しくはその複製許諾若しくは公衆送信許諾を得た者により、当該方式による公衆への提供又は提示が行われている場合は、この限りでない。

　この規定により、①視覚障害その他の障害により視覚による表現

の認識が困難な者（視覚障害者等）のためであれば、②福祉に関する事業を行う者で政令で定めるもの（ここに図書館やボランティアグループが含まれます）は、元の書籍を、③音声にすることその他当該視覚障害者等が利用するために必要な方式に複製することができます。

　ただし、これから複製しようとする種類の「バリアフリー資料」がすでに出版（市販）されている場合はこの限りではありません。

　では、視覚障害者等にはどのような人が該当するのでしょうか。また、どのような種類への複製が可能なのでしょうか。この点については、日本図書館協会などが著作権者との協議のもとに「図書館の障害者サービスにおける著作権法第 37 条第 3 項に基づく著作物の複製等に関するガイドライン」（2019 年 11 月一部改定）を公表しているので、参考になります。
（https://www.jla.or.jp/library/gudeline//tabid/865/Default.aspx）

　視覚障害者等については、このガイドラインでは次のように定めています。

4　著作権法第 37 条第 3 項により複製された資料（以下「視覚障害者等用資料」という。）を利用できる「視覚障害者等」とは，別表 1 に例示する状態にあって，視覚著作物をそのままの方式では利用することが困難な者をいう。

5　前項に該当する者が，図書館において視覚障害者等用資料を利用しようとする場合は，一般の利用者登録とは別の登録を行う。その際，図書館は別表 2「利用登録確認項目リスト」を用いて，前項に該当することについて確認する。当該図書館に登

　録を行っていない者に対しては，図書館は視覚障害者等用資料を利用に供さない。

　ここにいう別表1と別表2の内容を表2と表3に示します。

### 表2　「視覚障害者等」の例示

| | |
|---|---|
| 視覚障害 | 発達障害 |
| 聴覚障害 | 学習障害 |
| 肢体障害 | いわゆる「寝たきり」の状態 |
| 精神障害 | 一過性の障害 |
| 知的障害 | 入院患者 |
| 内部障害 | その他図書館が認めた障害 |

### 表3　「利用登録確認項目リスト」

| チェック欄 | 確認事項 |
|---|---|
| | 身体障害者手帳の所持　[　　]級（注） |
| | 精神障害者保健福祉手帳の所持<br>　[　　]級 |
| | 療育手帳の所持　[　　]級 |
| | |
| | 医療機関・医療従事者からの証明書がある |
| | 福祉窓口等から障害の状態を示す文書がある |
| | 学校・教師から障害の状態を示す文書がある |
| | 職場から障害の状態を示す文書がある |
| | |

| | |
|---|---|
| | 学校における特別支援を受けているか受けていた |
| | 福祉サービスを受けている |
| | ボランティアのサポートを受けている |
| | 家族やヘルパーに文書類を読んでもらっている |
| | |
| | 活字をそのままの大きさでは読めない |
| | 活字を長時間集中して読むことができない |
| | 目で読んでも内容が分からない，あるいは内容を記憶できない |
| | 身体の病臥状態やまひ等により，資料を持ったりページをめくったりできない |
| | その他，原本をそのままの形では利用できない |

※ガイドラインに基づき，図書館職員が「視覚障害その他の障害により視覚による表現の認識が困難な者」を判断するための一助としてこのリストを作成する。以下の項目のいずれかに該当する場合は，図書館の障害者サービスの利用者として登録ができる。（本人以外の家族等代理人によるものも含む）

また、複製の種類については、このガイドラインでは次のように定めています。

6 著作権法第 37 条第 3 項にいう「当該視覚障害者等が利用するために必要な方式」とは，次に掲げる方式等，視覚障害者等が利用しようとする当該視覚著作物にアクセスすることを保障する方式をいう。

録音，拡大文字，テキストデータ，マルチメディアデイジー，布の絵本，触図・触地図，ピクトグラム，リライト（録音に

伴うもの，拡大に伴うもの），各種コード化（SP コードなど），
映像資料のサウンドを映像の音声解説とともに録音すること等

　複製した「バリアフリー資料」については、先に紹介した「著作
権法」第 37 条第 3 項によって公衆送信も認められていることから、
視覚障害者等のためにインターネット経由で全国共有することがで
きます。この共有の仕組みがすでに述べた全国視覚障害者情報提供
施設協会による「サピエ図書館」（図 15）や国立国会図書館による「視
覚障害者等用データの収集および送信サービス」（図 16）なのです。

## 図 15　「サピエ図書館」の検索画面

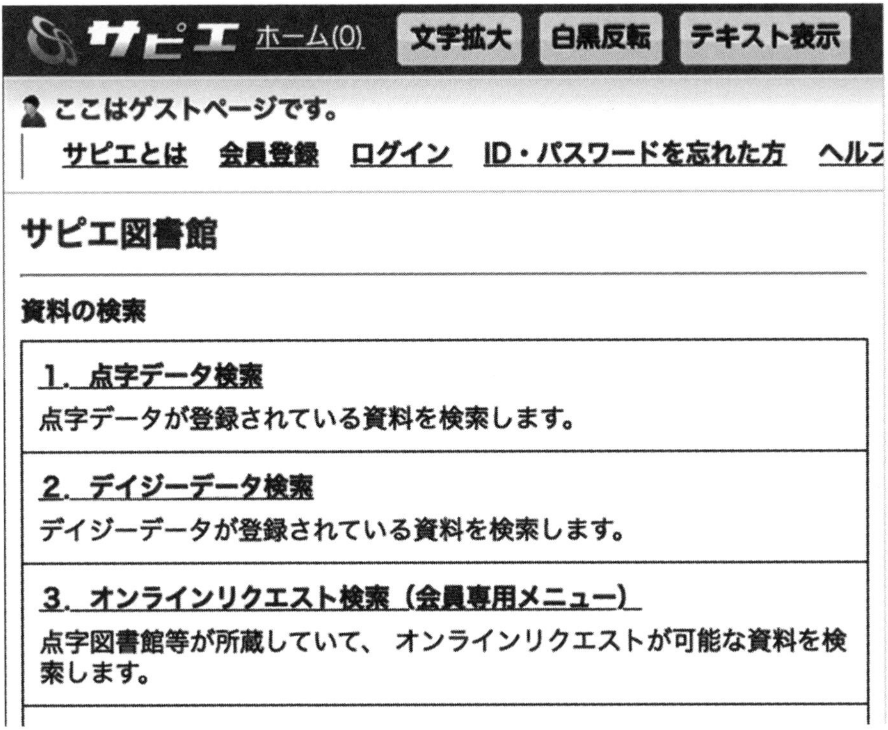

## 図16 「視覚障害者等用データの収集および送信サービス」の仕組み

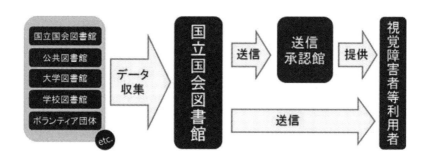

(出典：国立国会図書館ウェブサイト)

　国立国会図書館では、さらに2023（令和5）年3月から、「みなサーチ」β版というサービスも開始しました。「みなサーチ」では、国立国会図書館がこれまでにデジタル化してきた約247万点の書籍の「テキストデータ」が利用できます。まだβ版の公開ですので、今後、利用者の意見などをふまえて、2024（令和6）年に正式版を公開する予定となっています。

　視覚障害者等であれば、これらの仕組み・サービスに個人で登録して利用することも可能ですし、地域の図書館経由でも利用可能です。現在、「サピエ図書館」と「視覚障害者等用データの収集および送信サービス」は連携を強化しています。

　繰り返しになりますが、これら「著作権法」の規定にもとづき複製されたり共有されたりした「バリアフリー資料」は、種類の如何を問わず、視覚障害者等にしか提供・利用できないことに注意が必要です。この点が、出版社により出版（市販）された「バリアフリー

資料」が誰にでも提供・利用できることとの大きな違いになります。「読書バリアフリー法」では、出版（市販）されていて誰にでも提供・利用できる書籍・電子書籍に対して、「著作権法」の規定にもとづき複製されたり共有されたりして視覚障害者等にのみ提供・利用可能な「バリアフリー資料」のことを特定書籍・特定電子書籍と呼んでいます。つまり、「特定」という言葉を付して、前述の違いを明確にしているのです。なお、大活字本は、すべて出版社から出版（市販）されていますので、障害や年齢を問わず誰にでも提供・利用できます。

【文献】

・小学館「異例の 7 形態で刊行決定！『だれも私たちに「失格の烙印」を押すことはできない』発売のお知らせ：流行語大賞で注目の「オーディオブック」ほか、点字本を含むバリアフリーな読書体験」『PR TIMES』2022 年 12 月 14 日配信
https://prtimes.jp/main/html/rd/p/000002000.000013640.html（最終アクセス：2023 年 3 月 30 日）
・全国公共図書館協議会『2021 年度（令和 3 年度）公立図書館における読書バリアフリーに関する実態調査報告書』、2022 年、78p.
・野口武悟、植村八潮編著『改訂　図書館のアクセシビリティ：「合理的配慮」の提供へ向けて』樹村房、2021 年、223p.

【付記】

本章の内容は、下記の拙稿に加筆のうえ再構成したものである。
・野口武悟「多様な読者と読書」（JPIC 読書アドバイザー養成講座テキスト）、2023 年

# 第3章

# 「大活字本」のあゆみ

前章では、
さまざまなニーズに対応する「バリアフリー資料」
があることを確認しました。
そのなかでも、よく普及しているといえる「大活字本」は、
どのような背景のなかで作られてきたのでしょうか。
歴史を紐解きながら、
「大活字本」の意義などについて
考えてみましょう。

　本章では、「大活字本」が登場する前後の歩みを見ていきたいと思います。

　「大活字本」出版が始まる前からボランティアによる「拡大写本」づくりが行われていました。しかし、第二次世界大戦前から「点字図書」と「録音図書」づくりが行われていたことに比べると始まりは遅く、1960年代に入ってからでした。「大活字本」の出版が始まるのは1970年代後半からですが、定着するのは1980～90年代になってからといえるでしょう。

## 3.1　はじまりは「拡大写本」づくりから

### (1)「拡大写本」前史

　日本で拡大文字の資料である「大活字本」が登場するのは1970年代であり、「拡大写本」も1960年代のことでした。「点字図書」、「録音図書」ともに第二次世界大戦前から存在することから考えると、比較的新しい資料といえます。

　まずは、「点字図書」と「録音図書」の歴史について、簡単に触れておきたいと思います。

　日本で広く用いられている点字は、明治時代に国立東京盲唖学校（現在の筑波大学附属視覚特別支援学校）教諭の石川倉次（1859～1944）が、ブライユ式点字を日本語に翻案したものです。ブラ

イユ式点字は、フランスのルイ・ブライユ（Louis Braille、1809 ～ 1852）によって 1825 年に考案されたものでした。

　日本語に翻案された点字が登場して以降、「点字図書」が作られるようになります。地域の公共図書館として初めて「点字図書」の所蔵と提供を始めたのは、東京市立本郷図書館で、1916（大正 5）年のことでした。また、点字図書館も創設されていきました。

　例えば、岩橋武夫（1898 ～ 1954）が大阪にライトハウス会館（現在の日本ライトハウス情報文化センター）を開館するのは 1935（昭和 10）年（岩橋による 1922 年の点字図書出版の創業が原点）、本間一夫（1915 ～ 2003）が日本盲人図書館（現在の日本点字図書館）を開館するのは 1940（昭和 15）年のことでした。岩橋、本間ともに視覚障害当事者でした。

　日本で「録音図書」が登場するのは、1938（昭和 13）年 6 月のことでした（実際の発売は翌年）。当時の中央盲人福祉協会と日本放送協会の研究のもとに、日本ビクター蓄音機株式会社によって製作されました。レコード形態で「読本器」と名付けられました。モデルは、すでにアメリカで普及しつつあった「トーキング・ブック」でした。1937（昭和 12）年にヘレン・ケラー（Helen Adams Keller、1880 ～ 1968）が来日した際、「トーキング・ブック」の存在が紹介されたことで、日本でも製作に着手することになったのです。

　日中戦争の戦時下にあった当時の日本では、傷痍失明軍人が増えていました。突如失明した人にとって点字での読書は困難でしたので、「点字図書」以外の読書方法の開発が急務だったという背景もありました。

　第二次世界大戦後、「録音図書」は、レコード形態からオープンリー

ル形態、カセットテープ形態と変遷し、現在、DAISY が主流になっていることは第2章で述べた通りです。

　ここまで述べてきた「点字図書」も「録音図書」も、視覚障害者のなかでも全盲の人の読書ニーズに応えることを主に想定して登場し、また作られてきました。

　一方、視覚障害者の約7〜8割は弱視の人ですが、弱視の人の読書ニーズに応えることを主に想定して作られる資料はありませんでした。大きな文字であれば読めますが、それに応える資料が存在しなかったのです。そのため、点字を習得して「点字図書」を読んだり、普通の書籍（「点字図書」に対して「墨字図書」と呼ぶことがあります）を何とか読んだりという状態だったのです。

　弱視の人が墨字図書をどのように読書しているのかについて、1981（昭和56）年に刊行された日本図書館問題研究会編『障害者と図書館』では、次のように説明されています。

　「普通の本を不自由な思いをしながら、拡大鏡を使って読むか、顔を本につけるようにして、鼻の頭を印刷のインクで黒くしながら読んでいるのが現状です。拡大鏡を使って本を読むことは、私たち健康な大人でも非常に読みにくく疲れるものです。まして、幼い子どもたちにとっては、とても面倒な作業で、一字一字レンズを通しての読書はとても本を楽しむとか、活字と仲良しになるという状態ではないと思われます」

## （2）「拡大写本」の登場

　こうした弱視の人の読書ニーズに応えて「拡大写本」が登場する

のは、1968（昭和 43）年のことでした。山梨ライトハウス点字図書館（現在の山梨ライトハウス情報文化センター）が「拡大写本」づくり（法的には複製）と貸出の事業を始めたのです。

　次いで、1970（昭和 45）年には東京教育大学附属盲学校（現在の筑波大学附属視覚特別支援学校）でも、「拡大写本」づくりが始まり、これ以降、各地の盲学校の学校図書館にも徐々に普及していきました。特に、盲学校の学校図書館が作る「拡大写本」は、教科書や学習に役立つ参考書などが主なものでした。

　学校に通う弱視の子どもにとっては、教科書の「拡大写本」（拡大教科書）は、とても重要な存在です。2001（平成 13）年の調査ではありますが、全国盲学校普通教育連絡協議会が調べたところ、全国の盲学校に通う弱視の子どもの約 6 割が、通常の教科書では読みにくい、あるいは読めないから、字を大きくして読みやすい教科書にしてほしいとの切実な願いを持っていました。

　筑波大学附属視覚特別支援学校の宇野和博教諭は、通常の教科書の問題点を次のように指摘しています。

　「最近の教科書はビジュアル化が進んでいますから、絵も写真もかなり多いですし、文字も多種多様になっています。文字の大きさも本文は大きいけれども、注釈とか新出単語とか、まとめの部分などの文字が小さかったり、または字体を変えてあったりというようなものが見受けられます」

　こうした通常の教科書は、子どもにとっての親しみやすさを意識して作られているわけですが、それがかえって弱視の子どもにとっ

てはバリアになっているのです。

　当然ですが、拡大写本は、「写本」という名称からも分かるように、図書館でも、学校でも、実際に作っているのは、ボランティアの人たちです。では、「拡大写本」はどのように作っているのでしょうか。

　先にも紹介した1981年刊行の『障害者と図書館』のなかでは、「拡大写本」ボランティアの滝沢悦子が次のように説明しています。

「B4判の上質紙を二つ折りにして、1.8センチ角のマス目の下じき（アクリル製）を間にはさみ、油性のフェルトペンで、一字一字マス目いっぱいに大きく書き写していきます」

　絵のある絵本や児童書の場合は、

「さし絵も、読んでいる子どもたちの心がなごむよう、絵の具や色えんぴつで、楽しい絵になるように心がけています」

　また、子ども向けの作品については、次のような点に注意しているといいます。

・字は読みやすい字、書く人のくせが出ないよう、特に低学年向けは、教科書体で書くようにする。
・濁音や半濁音の点や丸は大げさに、はっきり書く。
・ページ数は欄外のマスに書くが、なるべく本文から離し、本文と区別できるようにして書く。
・絵は、うすくぬると見えにくいので、濃くぬる。

・絵は陰影をつけた方がみえやすい。

・縁どりを黒ではっきり描いた方がよい。

・さし絵の上に字を重ねて書くと読みにくい。

・こまか過ぎる絵は、適当に略して見やすいようにする。

・色ぬりでにじんだり、次のページに写ったりしないように気をつける。

・本の表紙を飾る絵も、その本にふさわしい図柄を工夫して楽しいものとする。


　このように「拡大写本」づくりは手書きで行われてきましたが、1990年代以降は、コンピュータを用いた"ハイテク拡大写本"も行われるようになっています。

　コンピュータを用いることで、従来の「拡大写本」づくりに比べて、時間と手間を減らせるとともに、文字サイズ、書体（フォント）、文字間や行間などの調整がしやすくなりました。黒の用紙に白文字で印刷することもできます。"ハイテク拡大写本"は、従来の手書きによる「拡大写本」と出版された「大活字本」の中間的な存在といってもよいでしょう。

　ただし、「拡大写本」づくりに取り組むボランティアは少数です。2003（平成15）年に刊行された日本図書館協会障害者サービス委員会編『障害者サービス　補訂版』では、


「公共図書館・点字図書館で拡大写本サービスに取り組んでいるところは極めて少なく、拡大写本の児童図書は墨田区立あずま図書館、大田区立下丸子図書館、品川区立五反田図書館などに所蔵

　されているものが大半であろう（合せて約550タイトル）」

　と説明しています。それから約20年経った2020年度末の時点でも、「拡大写本」づくりをしている公共図書館は全国で12館となっています（全国公共図書館協議会調べ）。

　なお、『障害者サービス　補訂版』では、「全国の約80ある拡大写本のボランティアグループの大半が、弱視児のための拡大教科書を作成しているという現状がある」とも述べています。ここからは、「拡大写本」づくりが、教科書を中心に行われていることがわかります。

## （3）法律の壁を変える

　第2章で説明したように、現在の「著作権法」では、視覚障害者等のためであれば、図書館・ボランティアグループなどは著作権者に許諾を得なくても「拡大写本」づくり（複製）を行うことができます。この形に法律の規定が改められたのは2010（平成22）年1月からでした（その後、再度改正され、2019年1月に現在の規定となります）。つまり、それ以前は、元になる書籍（原本）の著作権者に許諾を得なければ、「拡大写本」づくりはできなかったのです（「点字図書」以外の「バリアフリー資料」も同様でした）。

　これが、「拡大写本」づくりにとっての最大の障壁でした。というのも、許諾を得るには数年を要する場合があり、結局は許諾を得られないという場合もあったからです。

　こうした壁を少しでも低くするために、1992（平成4）年、EYEマーク・音声訳推進協議会が発足しました。この協議会では、「EYE

## 図17 「EYE マーク」

マーク」を定め、普及に努めました（図17）。

　「EYE マーク」とは、「録音図書」や「拡大写本」などへの複製をあらかじめ許諾している旨の著作権者の意思を示したもので、出版の際に書籍の奥付に表示しました。奥付に表示する際には、「EYE マーク」とともに以下の文言が記載されました。

　「視覚障害その他の理由で活字のままでこの本を利用できない人のために、営利を目的とする場合を除き「録音図書」「点字図書」「拡大写本」等の製作をすることを1部に限り認めます。その際は著作権者までご連絡ください」

　「EYE マーク」が奥付に表示されている書籍については、「拡大写本」づくりにあたって著作権者への許諾を得る手間が不要となったのです。なお、文化庁が2002（平成14）年に制定した「障害者のための非営利目的利用 OK マーク」（自由利用マークの1つ）も、「EYE マーク」と同様の意味合いを持つマークといえます（図18）。

　「EYE マーク」などが定められても、すべての書籍の著作権者が

## 図 18 「自由利用マーク」

コピーOK

障害者OK

学校教育OK

マークを付けるわけではありませんでした。そのため、抜本的な解決には、「著作権法」の改正が必要でした。

そのため、「アジア太平洋障害者の10年」の最終年に当たる2002年に、日本図書館協会、全国視覚障害者情報提供施設協会、公共図書館で働く視覚障害職員の会(なごや会)の3団体が共同で「障害者の情報アクセス権と著作権問題の解決を求める声明」を出しました。この声明では、次のように述べています。

「コンピュータの普及と情報通信技術の進展は障害者の情報アクセスに大きな可能性をもたらしつつある。しかし、技術的に可能でありながら、この可能性を妨げているのが現行の著作権法である。つまり、録音資料や拡大資料、その他、知的障害者に対する読みやすい文書(easy to read materials)への翻案など、デジタル技術を用いることで、障害者がアクセスしやすくなる可能性を持ちながら、その技術を活かせないという実態が厳然と存在する。そして、この問題は障害児の教科書や学習資料の作成といったところにまで及んでおり、教育を受ける権利まで侵害しているのである。また、総ての人に知識や情報を提供することを役割と

する公共図書館においても、この著作権問題がその任務の実行の障壁になっている。つまり、公共図書館がすべての情報障害者を対象にしたサービスを行う際に必要となる資料変換が大きく制限されるのである。これは、『ユネスコ公共図書館宣言（1994)』で謳われている公共図書館の使命を大きく妨げていると同時に、情報障害者の知る権利をも侵しているのである」

　そして、声明では「著作権条約の中で障害者の情報アクセシビリティに配慮した具体的事項を設け、日本をはじめ、各国の著作権法がそれに基づき、早急に改訂されること」などを求めました。

　2004（平成16）年、日本図書館協会と日本文藝家協会は、「公共図書館等における音訳資料作成の一括許諾に関する協定書」を交わして、「一括許諾システム」の運用を開始しました。このシステムでは、日本文藝家協会が著作権の管理を受託している著作者のうち、協定書の内容に同意した者の作品について、日本図書館協会に登録した図書館が「録音図書」づくりをする際には個別に許諾を得る必要はないとしました。しかし、このシステムでは、「拡大写本」づくりは対象となっていませんでした。

　これらの取り組みを経て、ようやく「著作権法」が改められることになったのです。


　ところで、ボランティアグループによる「拡大写本」づくりは、教科書を中心に行われているとすでに述べました（拡大教科書づくり）。"ハイテク拡大写本"が行われるようになり、元になる教科書のデータが教科書発行者（出版社）からもらえれば、作業負担はは

るかに軽減できます。ところが、そこにも法的な壁が立ちはだかっていました。

　その壁を解消する法律である「教科書バリアフリー法」が制定されたのは2008（平成16）年6月のことでした（施行は同年9月）。正式には、「障害のある児童及び生徒のための教科用特定図書等の普及の促進等に関する法律」といいます。

　「教科書バリアフリー法」の目的は、「教育の機会均等の趣旨にのっとり、障害のある児童及び生徒のための教科用特定図書等の発行の促進を図るとともに、その使用の支援について必要な措置を講ずること等により、教科用特定図書等の普及の促進等を図り、もって障害その他の特性の有無にかかわらず児童及び生徒が十分な教育を受けることができる学校教育の推進に資すること」（第1条）です。

　そして、教科書発行者（出版社）に教科書のデータの提供が義務づけられました（第5条）。

　第五条
　　　教科用図書発行者は、文部科学省令で定めるところにより、その発行をする検定教科用図書等に係る電磁的記録を文部科学大臣又は当該電磁的記録を教科用特定図書等の発行をする者に適切に提供することができる者として文部科学大臣が指定する者（次項において「文部科学大臣等」という。）に提供しなければならない。
　2　教科用図書発行者から前項の規定による電磁的記録の提供を受けた文部科学大臣等は、文部科学省令で定めるところにより、教科用特定図書等の発行をする者に対して、その発行に必要な

電磁的記録の提供を行うことができる。

　この規定により、「教科用図書発行者」（教科書発行者）は、文部科学大臣等に対して、「検定教科用図書等に係る電磁的記録」（検定教科書のデータ）を提供しなければならなくなりました。また、文部科学大臣等は、教科用特定図書等の発行をする者（拡大教科書等を作るボランティアグループ）に対して、検定教科書のデータを提供できることになったのです。教科書データの提供の流れを簡潔に示せば、次の通りになります。

**教科書発行者（出版社）**

↓

**文部科学大臣等**

↓

**拡大教科書づくりのボランティアグループ**

　これによって、拡大教科書づくりの負担は大きく軽減されました。このほか、「教科書バリアフリー法」では、「文部科学大臣は、教科用拡大図書その他教科用特定図書等のうち必要と認められるものについて標準的な規格を定め、これを公表しなければならない」（第6条）ことや、「国は、毎年度、小中学校に在学する視覚障害その他の障害のある児童及び生徒が検定教科用図書等に代えて使用する教科用特定図書等を購入し、小中学校の設置者に無償で給付するものとする」（第10条）ことなどが規定されています。

## 3.2 「大活字本」出版の展開

　日本で最初の「大活字本」が出版されたのは、1978（昭和53）年のことでした。京都のどらねこ工房により出版された『星の王子さま』でした。翌年には5タイトルの「大活字本」を出版しています。どらねこ工房の弘英正は、1981（昭和56）年刊行の『障害者と図書館』で次のように書いています。

・「たまたま写植機、オフセット印刷機を共有していたため、普通の本の字を大きな活字に組みかえた本を作り、弱視の人たちに渡したいと願い、活動を続けてきました。「電車の中でも読める本に、初めて出会った」などと弱視の人たちに言われると、本当に報われたという気持ちになります」
・「製作した本もまだ数冊レベルという遅々とした歩みですが、むしろそれも、試行錯誤中の私たちにはふさわしい歩みだろうと思います」

　では、日本初の「大活字本」はどのような環境のもとで出版されたのでしょうか。弘によると、次のような機器が使用されていました。

・写植：写研・スピカQD／太明朝体文字盤

・製版：大日本スクリーン・シルバーマスター CP100S（写真製版は外注）
・印刷：A・B・DICK　卓上オフセット321
・製本：全て手作業（ただし、糸かがり部分のみ外注）

　また、どらねこ工房が出版した「大活字本」のレイアウトについては、次の通りでした。


・B5判　太明朝体　24級正体　ヨコ　20字ツメ　28歯送り　行間全角アキ　18行
・白上質70キログラム
・糸かがり　ソフトバック装（表紙はシルクで色を重ねる）


　流通形態については、弘によると、「現在私たちの本は、いわゆる取次を通して街の本屋に出さないことを条件に、（原版権所有者と）契約を認められています。また私たちも、弱視者との接点を持ち続けるためにも、望んで直送の形を主として取っています」とのことでした。つまり、直販のみだったのです。
　残念ながら、どらねこ工房による「大活字本」出版は継続するには至りませんでした。その実績を継承したのが、後述する埼玉福祉会でした。
　1980年代には、東京ルリユールが「ラージプリントブック」のシリーズ名で「大活字本」の出版を行っていました。黒柳徹子著『窓ぎわのトットちゃん』（1984年）や、小学生向けの学習参考書などを出版しています。大手出版社の小学館が販売協力していたことも

特徴的です。しかし、東京ルリユールも継続的な「大活字本」出版には至らず、その後、解散しています。

　同じく1980年代には、埼玉福祉会が「大活字本」の出版を始めます。すでに紹介したどらねこ工房の実績を引き継ぎ、また、1981（昭和56）年の「国際障害者年」を見据えての参入でした。

　最初の出版作品は、ベストセラーになった森 敦 著『月山』と高木敏子著『ガラスのうさぎ』でした（ともに1980年11月出版）。

　自身も「大活字本」である「大きな文字の青い鳥文庫」の出版を手がける読書工房の成松一郎社長は、

　「埼玉福祉会の最大の功績は、全国の図書館に「大活字図書」の
　PRを続けた結果、多くの公共図書館に「大活字図書コーナー」
　が設置されるようになったことである」

と述べています。

　このほか、1980年代には三修社も「大活字本」の出版を行い、数多くの作品を刊行していました。

　1990年代になると、さらに多くの出版社が「大活字本」出版に参入するようになります。

　主な出版社を挙げると、リブリオ出版、河出書房新社、三心堂出版社、作品社、大活字などです（その後、三心堂出版社、リブリオ出版は事業停止）。このうち、大活字は、弱視当事者であった市橋正晴が1996（平成8）年に創業した出版社です。

　成松は、大活字創業には、「パソコンによる編集組版（DTP）」と「少部数印刷環境の普及」という2つの技術の誕生が背景にあったと指

摘しています。

　「少部数印刷環境」の１つにオンデマンド印刷機と、それによる
オンデマンド出版があります。注文を受けて、その都度、印刷・製
本して販売することが可能になり、大量の在庫を抱えずに済むメ
リットも出版社にはあります。

　大活字の出版する「大活字本」は、それまでの「大活字本」とい
くつかの違いがありました。例えば、文字サイズは、従来の「大活
字本」は 14 ポイントが主流でしたが、大活字による「大活字本」
は 22 ポイントでした。また、書体（フォント）は、従来の「大活
字本」が明朝体であったのに対して、大活字のそれはゴシック体で
した。さらに販売方法も、従来の「大活字本」がセット販売主流に
対して、大活字ではタイトルごとに販売することにしました。こう
した違いは、市橋自身が当事者ということもあり、より弱視の人の
読みやすさを追求した結果といえます。

　では、「大活字本」出版の現状はどうなっているのでしょうか。
次の第４章で見ていくことにしましょう。

【文献】
　・宇野和博「拡大教科書の安定供給をめざして」出版 UD 研究会編『出版のユニバーサ
ルデザインを考える：だれもが読める・楽しめる読書環境をめざして』読書工房、2006 年、
p.109-122.
　・埼玉福祉会「大活字本シリーズ」ウェブサイト
https://www.saifuku.com/daikatsuji/index.html（最終アクセス：2023 年 3 月 30 日）
　・滝沢悦子「弱視児のための拡大写本づくり」日本図書館問題研究会編『障害者と図書館：
図書館奉仕の原点としての障害者サービス』ぶどう社、1981 年、p.75-79.
　・成松一郎「大活字図書（大きな文字の本）」野口武悟、植村八潮編著『改訂　図書館の
アクセシビリティ：「合理的配慮」の提供へ向けて』樹村房、2021 年、p.38-43.
　・日本図書館協会障害者サービス委員会編『障害者サービス　補訂版（図書館員選書

12)』日本図書館協会、2003 年、316p.

・野口武悟「戦前期日本における障害者サービスの展開：障害者自身の図書館サービスをめぐる運動と実践を中心に」『図書館文化史研究』22 号、2005 年 9 月、p.73-91.

・野口武悟「障害者サービスと情報弱者へのサービス」日本図書館協会『日本の図書館の歩み：1993-2017』編集委員会編『日本の図書館の歩み：1993-2017』日本図書館協会、p.133-142.

・野口武悟編著『一人ひとりの読書を支える学校図書館：特別支援教育から見えてくるニーズとサポート』読書工房、2010 年、221p.

・弘英正「弱視者用大活字本の刊行をめぐって」日本図書館問題研究会編『障害者と図書館：図書館奉仕の原点としての障害者サービス』ぶどう社、1981 年、p.70-74.

# 第 4 章

# 「大活字本」出版の現状と展望

「大活字本」を出版する出版社が増えてきています。
本章では、具体的に、どの出版社が、
どのような形で「大活字本」を出版しているのかを
紹介していきます。
それぞれの出版社の URL も載せましたので、
ぜひ、ご自身でも調べてみてください。

> 　本章では、「大活字本」出版の現状と今後の展望について述べたいと思います。現在、「大活字本」を出版する出版社は広がってきています。今後、拡大などが自在にできる「アクセシブルな電子書籍」が普及したとき、「大活字本」はどうなっていくのでしょうか。

## 4.1　「大活字本」出版の現状

　第 3 章で述べたように、1990 年代以降、「大活字本」出版に取り組む出版社は増えてきています。ただし、継続的に「大活字本」を出版しているところがある一方で、特定のタイトルのみ「大活字本」として出版している出版社もあり、出版社によって対応はさまざまです。なお、日本図書館協会のウェブサイトでは、「障害者サービス用資料の購入・入手先一覧」（2023 年 3 月 6 日更新）を公開していて、そのなかで「大活字本」の購入・入手先として次の各社を挙げています。

　講談社、読書工房、埼玉福祉会、大活字、三省堂、点友会です（点友会は現在販売をしていません）。実際には、これら以外にも「大活字本」を出版する出版社はあります。

　ここでは、継続的に「大活字本」出版に取り組んでいる主だった出版社を取り上げ、その特徴などを紹介したいと思います（順不同）。

## （1）三和書籍（https://sanwa-co.com）

　三和書籍は、本書の発行元ですが、「大活字本」を出版しています。「大活字本」出版に取り組み始めたのは 2019（令和元）年のことでした。三和書籍の「大活字本」は、名作を大活字かつ美しい装丁で復刻しているところに特徴があります。これまでに、宮沢賢治著『銀河鉄道の夜』など宮沢作品 7 巻セット、芥川龍之介著『蜘蛛の糸』など芥川作品 7 巻セット、夏目漱石著『坊ちゃん』など夏目作品 7 巻（12 冊）セット、太宰治著『人間失格』など太宰作品 7 巻セット、森鷗外著『舞姫』など森作品 7 巻（8 冊）セットが出版されています。

　三和書籍の「大活字本」出版について、同社の編集者・小玉瞭平さんに紹介してもらいました。

（三和書籍　大活字本シリーズ　宮沢賢治　7 巻セット）

# 大活字本の出版について

三和書籍

## ・より手に取りやすい本を目指して

　弊社が大活字本を初めて出版したのは、2019年のことでした。奇しくも「視覚障害者等の読書環境の整備の推進に関する法律」（以下、「読書バリアフリー法」）が施行された同年のことです。

　大活字本といえば、プリント・ディスアビリティ（以下、「PD」）の方にとっての読書の選択肢として存在していましたが、やや地味な装丁で図書館の一部コーナーにひっそりと備え付けられてあるイメージでした。弊社刊行の大活字本は1セット7巻とし、各巻に1色ずつの華やかな色合いの装丁にし、見た目にも手に取りやすい工夫を凝らしました。また、人気の高い古典作品を作家ごとのシリーズにまとめることによって、公共図書館様だけでなく、全国の一般書店様にも数多くのご注文をいただいており、よりPDの方のお手元に届きやすくなっているのではないかと考えております。

　視覚に問題のある方だけでなく、すべての方にとって読みやすい本とするべく、全文にふりがなをつけているのも特徴のひとつです。「障害の有無にかかわらず全ての国民が読書を通じて文字・活字文化の恵沢を享受すること」を目標とした「読書バリアフリー法」の条文とも合致している部分だと考えています。

## ・製作の流れ

　まず、ひとつのシリーズに取り上げる人気の作家の選定作業があ

りiます。参考にするのは青空文庫のアクセスランキングが主となっていますが、全国の公共図書館様にアンケート調査を行い、利用状況や希望する作家をお答えいただいた結果も重要な参考資料となっています。

　シリーズにする作家が決定すると、次には7巻の表題作を決定していきます。その作家の代表作を基本的には選出していきますが、少し知名度の下がる作品も選出することを心がけております。

　総ルビという特徴ですが、これにかかる作業が簡単ではありません。正しい読み方がどれであるのか、時代背景を考慮した時になんと読むべきか、作品の雰囲気に合わせるためにはどう読んだら良いのか、製作を担当するものはいつも頭を悩ませています。そのために図書館へ足を運んだり、朗読の音声を何度も聞き直したり、校正担当と意見を交わすなどして、より可読性の高い本文に仕上げています。


## ・大活字本の現状と課題

　「より多くの方に」とは言いつつも、一般書としては高額にならざるを得ないのが現状です。

　また、大活字という形状の関係上、1冊に収まる分量が少なくなります。長編を扱おうとすると、数巻に分けざるを得ません。弊社刊行物には三巻に分冊したタイトルもあり、文庫なら1000円もしないで買えることを考えると、決して安くはありません。

　また、完全に失明している方にとって、大活字本は読書の選択肢にはなり得ません。

　こうした課題について、今後、電子書籍はひとつの解決策になる

と思われます。出版社としては、大活字本とともに、利用しやすい
電子書籍の提供（例えば TTS に対応したリフロー型 EPUB のデー
タを作成していくなど）に力を入れることで、少しずつ読書の環境
を整えていく一助となればと考えております。

## (2) 埼玉福祉会（https://www.saifuku.com）

　埼玉福祉会は、「大活字本」出版で 40 年以上の歴史を持つ老舗出
版社です。

　当初、近代日本文学の名作を中心に出版していましたが、現在は
現代文学と教養書を中心に年に 2 回、各 29 〜 30 巻をセットにして
出版しています。近年の出版作品には、横山秀夫著『クライマーズ・
ハイ』（2022 年）、あさのあつこ著『花宴』（2021 年）などがありま
す。造本は A5 判ソフトカバーで、本文は 14 ポイントの明朝体（5

### 図 19　埼玉福祉会の「大活字本」専用ページ

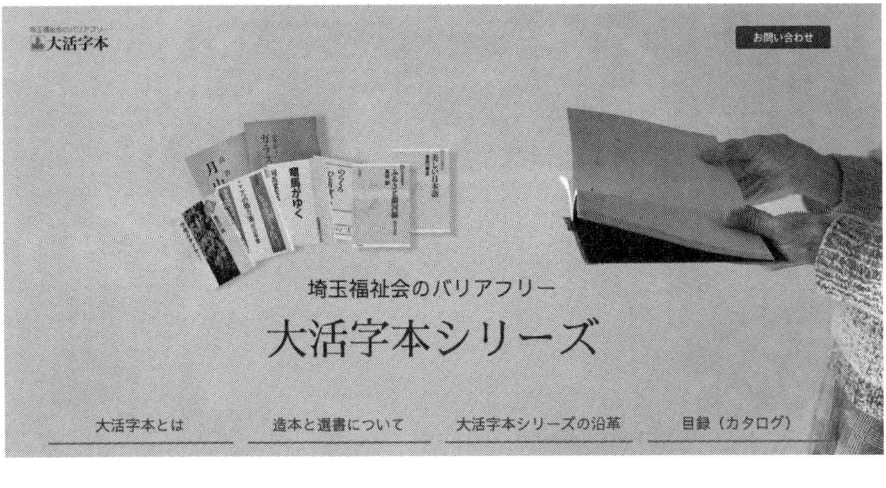

ミリ角）を使用しています。文字間隔は 1 ポイントあけて、行間は
文字サイズと同じ 14 ポイントあけた形で構成しています。

　埼玉福祉会では、自社のサイト内に「大活字本」専用ページ
（https://www.saifuku.com/daikatsuji/index.html：図 19）を開設
しています。

## （3）大活字

　大活字は、第 3 章で述べたように、市橋正晴によって創業された
「大活字本」出版に特化した出版社です。特徴として、他社で主流
の「大活字本」と異なり、文字サイズは 22 ポイント、書体（フォント）
はゴシック体、そしてタイトルごとの販売などです。ジャンルとし
ては、池波正太郎著『鬼平犯科帳』などの文芸書中心です。

## （4）大活字文化普及協会（http://www.daikatsuji.co.jp）

　大活字文化普及協会は、「障害者や高齢者等の読書や読み書きの
困難が解消され、全ての人が読書や読み書きできる、平等に全ての
情報を受け取る権利が保障されている、共生社会の実現を目指して」
活動している特定非営利活動法人です。

　出版社ではありませんが、大活字文化普及協会として「大活字本」
出版も行っています。主な出版作品に、池井戸潤著『下町ロケット』、
東川篤哉著『謎解きはディナーのあとで』などがあります。

## （5）読書工房（https://d-kobo.jp）

　読書工房では、講談社「青い鳥文庫」シリーズの「大活字本」で
ある「大きな文字の青い鳥文庫」を出版しています（図 20）。注文

## 図20　講談社「青い鳥文庫」サイトでの
## 「大きな文字の青い鳥文庫」の紹介

（出典：http://aoitori.kodansha.co.jp/big_character/）

ごとに1冊ずつ印刷するオンデマンド出版方式を採っています。同社の成松一郎社長は、「「大きな文字の青い鳥文庫」が発行されることになった背景には、講談社で電子書籍製作に携わっていた金子<sub>かねこ</sub>和弘<sub>かずひろ</sub>らによる「講談社オンデマンドブックス」という新しい技術開発が存在した」と記しています。

　子ども向けの「大活字本」作品はまだ少なく、「大きな文字の青い鳥文庫」の出版は貴重な取り組みです。

## （6）三省堂（https://www.sanseido-publ.co.jp/index.html）

　三省堂は、辞・事典のジャンルに特化して「大活字本」を出版しています。「大きな活字・大活字辞典シリーズ」です。みなさんも、書店の店頭で見る機会があることでしょう。

図21 三省堂の「大きな活字・大活字辞典シリーズ」
専用ページ

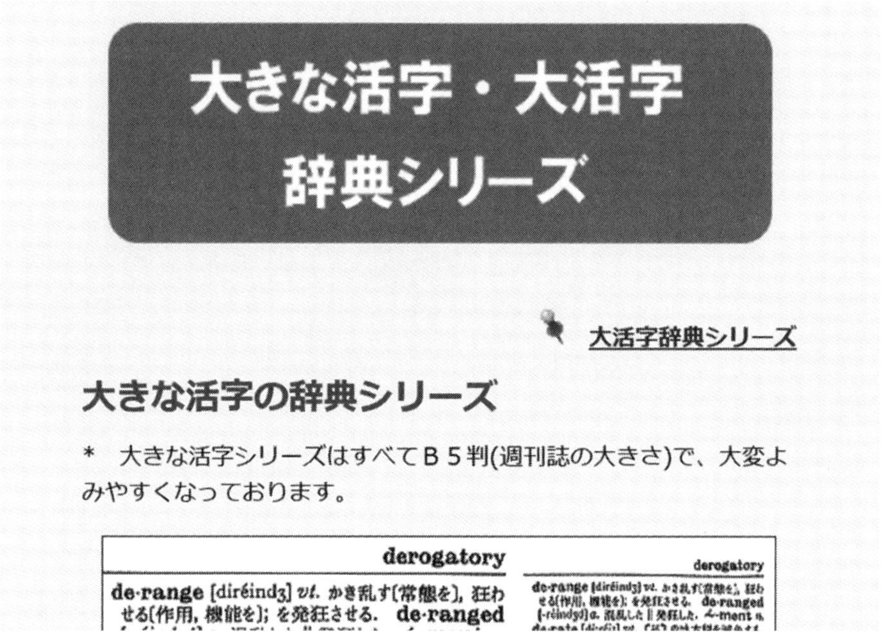

主なタイトルとして、『大きな活字の新明解国語辞典（第六版）』、『大きな活字の コンサイス英和辞典（第13版）』、『大活字分野別イラストで見るカタカナ語辞典』、『大活字三省堂ことわざ便覧』などがあります。

三省堂では、自社のサイト内に「大きな活字・大活字辞典シリーズ」専用ページ（https://www.sanseido-publ.co.jp/publ/dicts/daiji_se.html：図21）を開設しています。

## （7）河出書房新社
## （https://www.kawade.co.jp/np/index.html）

　河出書房新社は、1990 年代後半から「大活字本」出版に取り組んでいます。「大活字本」の出版作品数は多くはありませんが、「河出大活字文庫」として池田弥三郎著『日本故事物語』、駒田信二著『中国故事物語　教養の巻』などを出版しています。

## （8）響林社（https://kyorinsya.com）

　響林社は、近現代の文藝作品を中心とした朗読オーディオブックを中心に出版する出版社です。2012（平成 24）年から「大活字本」の出版を行っています。注文を受けてからすぐに印刷・製本するオンデマンド出版方式を採っています。B5 判のクリーム地に 20 ポイントの文字サイズで印刷しています。夏目漱石、太宰治、森鷗外などの名作を独自の切り口で編集したり、鉄道、関東大震災、忠臣蔵、紀行といった横断的テーマでアンソロジー本にしたりしているほか、古典の翻訳作品も「大活字本」にしています。作品のなかには「大活字本」と「オーディオブック」の両方で出版しているものもあり、大きな文字と音声を併用したい読書ニーズにも対応しています。

　響林社では、「大活字本」の専用サイト（https://kyorinsya.wix-site.com/daikatsuji：図 22）を開設しています。

## 図 22　響林社の「大活字本」専用サイト

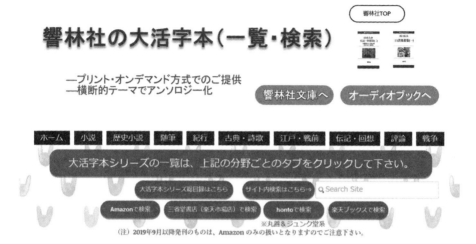

## (9) 樹立社 (https://juritsusha.com)

　樹立社は、主に人文科学系の専門書や文学書を扱う出版社です。2000（平成12）年の創立以来、「樹立社大活字の＜杜＞」とシリーズ名を付して、「大活字本」を出版しています。主な作品には、『手塚治虫　ＳＦ・小説の玉手箱』、『星新一ショートショート遊園地』などがあります。

## (10) 舵社 (https://www.kazi.co.jp)

　舵社は、ヨットをはじめ、マリンスポーツ全般を扱う総合出版社です。舵社では、「デカ文字文庫」と名付けた「大活字本」シリーズを出版しています。樋口一葉、菊池寛などの近代日本文学の名作を中心に文庫化しています。A5判に、13〜14ポイントの文字サイズで印刷しています。軽量で持ちやすく、価格も通常の文庫本並

図23　舵社の「デカ文字文庫」専用ページ

みの廉価におさえているのも特徴です。

　舵社では、自社のサイト内に「デカ文字文庫」専用ページ（https://www.kazi.co.jp/public/book/dekamozi/deka.html：図23）を開設しています。

## （11）ゴマブックス（http://www.goma-books.com）

　ゴマブックスは、電子書籍をメインとした出版社です。ゴマブックスでは、「ゴマブックス大活字シリーズ」と名付けて「大活字本」を出版しています。サイト上には「通常の書籍よりも文字を大きく拡大したものとなっており、小さな文字を読むのが苦手な方、高齢者の方々でも気軽に読書を楽しめるシリーズとなっています」と説明があります。

　太宰治、芥川龍之介などの日本文学の名作から、ビジネス書、実用書まで多彩なジャンルの「大活字本」が出版されています。ま

た、紙の書籍としての「大活字本」だけでなく、「大活字本」の電子書籍版も販売しています。サイトでは、「通常の電子書籍よりも約200％拡大した大きな文字が初期設定されており、小さな文字を読むのが苦手な方、高齢者の方をはじめ、端末操作が苦手な方でも気軽に電子書籍を楽しめるような設定となっています」との説明があります。

## （12）新星出版社
（https://www.shin-sei.co.jp/np/index.html）

　新星出版社は、各種資格試験問題集、生活実用書、語学入門書、児童書などを手がける出版社です。「大活字本」の出版タイトルは少数ですが、『大きな文字とフリガナと音声CDではじめる英会話』、『大きな活字の漢字用語辞典（第二版)』などを出版しています。

## （13）成美堂出版
（https://www.seibidoshuppan.co.jp）

　成美堂出版は、家庭実用書、就職・資格ガイド、ビジネス書、旅行ガイド、語学書などを得意とする出版社です。雑誌『鉄道ジャーナル』を刊行していることでも知られています。「大活字本」については、『大きな文字でパッと見つかる！ポケット版常用語辞典』、『大きな文字で楽々検索！ポケット版四字熟語辞典』などの辞・事典を、タイトルは少ないですが出版しています。

## （14）かまくら春秋社（http://www.kamashun.co.jp）

　かまくら春秋社は、神奈川県鎌倉市にある湘南地域の情報を中心

に出版・発信している出版社です。やなせたかしの『たそがれ詩集』と『アホラ詩集』などを「大活字本」で出版しています。

以上の各社のほかにも、「大活字本」出版に取り組む出版社はあります。また、過去には継続的に「大活字本」出版に取り組んだものの、出版事業停止となったり、「大活字本」出版から撤退したりした出版社もあります。特に、リブリオ出版、三心堂出版社は、多くの「大活字本」を出版していました。

## 4.2 「大活字本」出版のこれから

ここまで述べてきたように、「大活字本」出版は着実に広がりを見せています。DTPやオンデマンド出版の定着により、「大活字本」出版に参入しやすい出版環境が整ったといえるでしょう。また、超高齢社会にある現代日本にあって、「大活字本」へのニーズは高まるばかりです。したがって、今後も参入する出版社は増えていくことでしょう。

ある公共図書館でこんなエピソードを聞きました。その図書館では、児童書のコーナーで通常版の「青い鳥文庫」と「大活字本」の「大きな文字の青い鳥文庫」の同一作品を並べて書架に置いていました。すると、「大きな文字の青い鳥文庫」の作品のほうが回転率（貸出される割合）が高かったというのです。

このことから、子どもにとって、障害の有無にかかわらず、「大

活字本」のほうが手に取りやすい、読まれやすいということがわかります。舵社のウェブサイトにある「デカ文字文庫」の専用ページ（図23）で、高齢者だけでなく「小学生にも読みやすい」と謳っているのも納得です。普段、読み慣れていない子どもにとっては、文字もルビも大きく、字間や行間にもゆとりのある「大活字本」のほうが読書への抵抗感を和らげてくれるのかもしれません。子どもの読書推進にも、「大活字本」が寄与する可能性は大いにあると思います。

　障害の有無や年齢を問わず読書（利用）できる「大活字本」は、ユニバーサルデザイン（Universal Design）の1つといえるでしょう。

　単に UD とも表記されることのあるユニバーサルデザインは、1985 年にアメリカのロナルド・メイス（Ronald Mace、1941 〜 1998）によって提起された考え方です。わかりやすくいえば、年齢・性別・能力・言語・国籍などの違いにかかわらず、できるだけ多くの人々が利用できることを目指した設備・製品・サービスなどのデザインや、その実現に向けたプロセスのことを指します。

　ロナルド・メイスらは、1995 年に「より利用しやすい製品や環境の特色を気付かせたりするときに利用するための 7 つのユニバーサルデザインの原則」を公表しています。7 つの原則は、読書環境づくりを考えるうえでも役立ちますので、表 4 に示したいと思います。

## 表4　ユニバーサルデザインの7原則

**原則1：公平な利用**

　どのようなグループに属する利用者にとっても有益であり、購入可能であるようにデザインする。

## 原則2：利用における柔軟性

　幅広い人たちの好みや能力に有効であるようデザインする。

## 原則3：単純で直感的な利用

　理解が容易であり、利用者の経験や、知識、言語力、集中の程度などに依存しないようデザインする。

## 原則4：わかりやすい情報

　周囲の状況あるいは利用者の感覚能力に関係なく利用者に必要な情報が効果的に伝わるようデザインする。

## 原則5：間違いに対する寛大さ

　危険な状態や予期あるいは意図しない操作による不都合な結果は、最小限におさえるようデザインする。

## 原則6：身体的負担は少なく

　能率的で快適であり、そして疲れないようにデザインする。

## 原則7：接近や利用に際する大きさと広さ

　利用者の体の大きさや、姿勢、移動能力にかかわらず、近寄ったり、手が届いたり、手作業したりすることが出来る適切な大きさと広さを提供する。

（出典：「ユニバーサルデザインの原則」国立特別支援教育総合研究所ウェブサイト：http://www.nise.go.jp/research/kogaku/hiro/uni_design/uni_design. html）


　UD の製品やサービスは日本でも増えてきました。例えば、大手文具メーカーのコクヨ（https://www.kokuyo.co.jp/creative/ud）や、大手家電メーカーのパナソニック（https://holdings.panasonic/jp/corporate/universal-design.html）などでは、UD 製品紹介のウェ

## 図 24　パナソニックの UD 商品事例を
## 配慮別に一覧できるページ

あなたのお探しする機能が見つけやすいように UD 商品事例を、配慮別に一覧できるページです。

視覚的な配慮

視覚的に配慮した商品一覧ページへ →

聴覚的な配慮

聴覚的に配慮した商品一覧ページへ →

触覚的な配慮

触覚的に配慮した商品一覧ページへ →

身体的な配慮

身体的に配慮した商品一覧ページへ →

(https://holdings.panasonic/jp/corporate/universal-design/
accessibility.html)

ブサイトを開設しています。パナソニックでは、UD 商品事例を配
慮別に一覧できるページを用意していて、ページ自体が UD になっ
ています（図 24）。

　普段 UD を意識する機会はあまりないと思われますので、この機
会に身の回りにある UD を探してみてはいかがでしょうか。意外と
たくさんある（普及している）ことに驚くかもしれません。


　ところで、4.1 で紹介した各出版社の「大活字本」出版の取り組
みのなかには、興味深い取り組みも多々ありました。なかでも、響
林社による同じ作品を「大活字本」と「オーディオブック」で出版
する取り組みは注目されます。

　すでに第 2 章で述べたように、人々の読書ニーズとスタイルは多
様ですから、"拡大して読みたい"と"音声で読みたい"の両方を

持ち合わせている人もいます。こうしたニーズのある人にとっては、同じ作品が「大活字本」と「オーディオブック」の両方で出版されることのメリットは大きいのです。

　また、ゴマブックスの「大活字本」を紙の書籍版と電子書籍版で出版する取り組みも目を惹きます。

　「大活字本」の電子書籍版を出版するなら、初めから拡大も音声読み上げも点字での閲覧も可能なワンソース・マルチユースの「アクセシブルな電子書籍」だけ出版したらいいのではないかと思われるかもしれません。確かに、それは一理あります。しかし、電子書籍オンリーになってしまうと、紙の書籍で読書したいニーズには応えられなくなってしまいます。

　「DX（デジタルトランスフォーメーション）の時代なのだから、電子書籍を主体に読書すればいい」という極論もあるかもしれません。でも、ICT機器の操作に抵抗を感じる人や、そもそもICT機器の発する電磁波に過敏な人、さらに紙の紙面の文章は読めるのに画面に表示された文章は読みづらい人など、さまざまな特性の人がいます。

　もし、電子書籍オンリーになってしまったとしたら、こうした人々にとっては、その読書環境はバリア（障壁）でしかないのです。これでは、「読書バリアフリー」環境の実現に逆行してしまいます。

　したがって、重要なのは、紙か電子かの二者択一ではなく、紙も電子もあって読者自身が選べるようにする（いくつもの選択肢を用意する）ことなのです（電子書籍については、第6章で詳しく説明します）。ICT機器を使わなくても読める紙の「大活字本」は、これからも読書の大切な選択肢の1つとしてあり続けるのです。

【文献】
・成松一郎「大活字図書（大きな文字の本）」野口武悟、植村八潮編著『改訂　図書館のアクセシビリティ：「合理的配慮」の提供へ向けて』樹村房、2021 年、p.38-43.
・広瀬洋子、関根千佳編著『改訂版　情報社会のユニバーサルデザイン』放送大学教育振興会、2019 年、283p.

# 第5章

# 「大活字本」を読む

本章では、
図書館、書店での「大活字本」の状況を紹介します。
さらに、「大活字本」の利用者の声も聞きながら、
「大活字本」が置かれている実際の状況について、
考えてみましょう。

　さまざまな「バリアフリー資料」があること、そして「著作権法」の規定にもとづき図書館などで複製された「バリアフリー資料」は視覚障害者等にしか提供・利用できないことをすでに第2章で説明しました。大活字本は、出版社が出版（市販）していますから、障害や年齢などを一切問わず、誰にでも提供・利用できる強みがあります。では、実際に図書館などでは大活字本がどのように提供されているのでしょうか。また、読者は、大活字本をどのように捉えているのでしょうか。本章では、これらを探っていきたいと思います。

## 5.1　図書館などにおける　「大活字本」提供の実際

### （1）公共図書館

　公共図書館は、誰もが無料で、そして自由に利用できる、地域のなかにある図書館です。私たちにとって、最も身近な図書館といえるでしょう。「図書館法」という法律にもとづき、全国に約3,300館あります（2022年度）。その大半が公立図書館（都道府県立図書館、市区町村立図書館）ですが、少数ながら私立図書館もあります。

　公共図書館における「バリアフリー資料」の所蔵率については、全国公共図書館協議会の調査結果をもとに、第2章の図14で紹介しました。さまざまな種類の「バリアフリー資料」のなかでも、大活字本の所蔵率が最も高く、全国の公共図書館の92.1%が所蔵して

います（2020 年度末現在）。つまり、全国のほとんどの公共図書館
で大活字本が提供されているということです。

　全国公共図書館協議会の同じ調査結果から、もう少し詳しい提供
状況を見てみたいと思います。

　大活字本の公共図書館 1 館あたりの平均所蔵タイトル数は、1,339
タイトルでした。「バリアフリー資料」のなかで所蔵タイトル数が
1,000 を超えるのは、大活字本とアクセシブルな電子書籍だけです
（2020 年度末現在）。

　このように、大活字本はある程度の所蔵タイトルがあることから、
専用のコーナー（大活字本コーナー）を設けて提供している図書館
が多く、その割合は 91.2％にのぼります（2020 年度末現在）。所蔵
率が 92.1％だったことからすると、大活字本を所蔵する図書館のほ
とんどで、大活字本コーナーを設けていることになります。コーナー
づくりをすることで、多くの図書館利用者が大活字本の存在を認知
しやすくなりますし、手に取りやすくなるメリットがあります。一
方で、コーナーづくりで気をつけたい点もあります。

　大活字本へのニーズは大人、特に弱視の視覚障害者や高齢者に多
いのは確かですが、子どもにもニーズはあります。したがって、大
人だけでなく、子どもも気軽に手に取れる場所に大活字本コーナー
を置いたり、子どもでも手に取りたくなるように棚のレイアウトを
工夫したりするとよいでしょう。

　大活字本の実際の利用状況はどうでしょうか。2020 年度の 1 年
間における公共図書館 1 館あたりの平均貸出タイトル数は 1,533 タ
イトルでした。平均所蔵タイトル数を超える貸出数となっています。
「バリアフリー資料」のなかで貸出タイトル数が 1,000 を超えるのは、

所蔵タイトル数と同じく、大活字本とアクセシブルな電子書籍だけでした。

　一方で、大活字本の他の図書館との相互貸借は、そこまで盛んとはいえません。2020 年度の 1 年間における公共図書館 1 館あたりの平均相互貸借タイトル数は、107 タイトルでした。大活字本よりも相互貸借タイトル数が多い「バリアフリー資料」としては、点字データの 791 タイトル、音声 DAISY の 314 タイトル、布の絵本の 114 タイトルなどがありました。大活字本は、所蔵するタイトル数がある程度確保できているため、他の図書館から取り寄せなくても利用者のニーズに対応できているのかもしれません。

　では、公共図書館における、大活字本提供の実際の様子を覗いてみましょう。ここでは、新潟県十日町市の市立十日町情報館の様子を紹介します。

### 図書館利用に障がいのある人へのサービス
### ── 誰もが利用しやすい図書館を目指して

十日町情報館　主任　金澤智子さん
平成 19 年から十日町情報館に勤務。
図書館サービスのさまざまな業務や事業に携わる（2022 年度時点）。

**「幼児から高齢者まで、また障害者も利用しやすいように建設、運営されなければならない」**

　十日町情報館の建設に当たって、このように基本計画書に盛り込

まれたのが平成5（1993）年12月のことでした。

　十日町情報館は、新潟県の南部に位置し、平成11（1999）年10月に広域6市町村の「新しい形の図書館」として、市民交流などの機能を併せ持って開館しました。高齢や過疎といった地域の課題を抱えるなか、中央館と市内に10ある分室で利用者の読書活動を支え、「アウトリーチ・サービス」など利用者の近くへ出かける事業を積極的に展開しています。

　令和元（2019）年に成立した「視覚障害者等の読書環境の整備の推進に関する法律」は、図書館利用における障がいを取り除くために図書館がすべきことは何か、原点に立ち返り、サービスを見直すきっかけになりました。その取組の1つとして、誰もが必要としている情報にアクセスできるよう、アクセシブルな機器と資料の収集に努め、継続して予算化をしています。

拡大読書器を設置

　なかでも、大活字本は、ここ数年間で1,700冊にまで蔵書を増やしてきました。排架場所にも特徴を持たせています。中央館では、シニアライフコーナーに隣接させ、多くの人の目に留まる場所に以前の2倍のスペースを確保しました。10か所の分室でも大活字本を排架しており、利用者

十日町情報館　シニアライフコーナーに隣接した大活字本の配架場所

1,700冊におよぶ大活字本の蔵書

の「もっと読みたい」に応えるため、定期的に入替えをしています。大活字本の蔵書の数を増やしたり、紹介をしたりしてきたことで、令和3（2021）年度の大活字本の貸出冊数は、前年対比240％となりました。

　また、大活字本の収集は、一般書だけでなく児童書でも行っています。「第二次十日町市子ども読書活動推進計画」の中で、「障がい

のある子どもであっても読書を楽しむことができるよう、図書館や特別支援学校などが連携して支援する」こととしています。取り組みの一環として、大活字本を含めた資料と読書支援機器を整備し、それらを学校図書館担当の先生や図書館見学に来てくれた子どもたちにも紹介しています。今後は、大活字本を含めた資料などを活用し、障がいがあっても読書を身近に感じられるように支援を広めていく予定です。

　十日町情報館では、障がいの有無に関わらず、利用者が情報にアクセスしやすい環境を整えるために取り組みを進めてきました。利用者によってその形式はさまざまですが、この地域では大活字本が受け入れられていると感じています。
　一方で、図書館利用に障がいのある人へのサービスは、まだ十分とはいえません。大活字本を入り口として、アクセシブルな機器や資料があることを広く知ってもらい、誰もが情報にアクセスしやすい環境になるよう、これからも取り組みを続けていきます。


## (2) 学校図書館

　すべての学校には、学校図書館があります。「学校図書館法」という法律では、小学校、中学校、高等学校、義務教育学校、中等教育学校、特別支援学校には学校図書館の設置を義務づけているのです。図書館というと、立派な建物をイメージする人がいるかもしれませんが、大半の学校では図書室と呼ばれているのが実態です。

　学校図書館に関しては、文部科学省が 2016（平成 28）年 11 月に
「学校図書館ガイドライン」を定めています。「さらなる学校図書館
の整備充実を図るため，教育委員会や学校等にとって参考となるよ
う，学校図書館の運営上の重要な事項についてその望ましい在り方
を示」したものです。この「学校図書館ガイドライン」では、「バ
リアフリー資料」の整備について次のように定めています。

（5）学校図書館における図書館資料
1　図書館資料の種類
・発達障害を含む障害のある児童生徒や日本語能力に応じた支援
を必要とする児童生徒の自立や社会参画に向けた主体的な取組を
支援する観点から，児童生徒一人一人の教育的ニーズに応じた
様々な形態の図書館資料を充実するよう努めることが望ましい。
例えば，点字図書，音声図書，拡大文字図書，LL ブック，マル
チメディアデイジー図書，外国語による図書，読書補助具，拡大
読書器，電子図書等の整備も有効である。

　ここでは、整備が有効な「バリアフリー資料」の 1 つとして、拡
大文字図書を挙げています。「大活字本」と「拡大写本」をあわせ
て拡大文字図書と呼んでいます。
　では、学校図書館における大活字本の所蔵率はどれくらいなので
しょうか。文部科学省の調査結果から見てみましょう（表5）。
　この表5から明らかなように、学校図書館における「バリアフ
リー資料」の所蔵状況は、全体として低調です。今後の整備が急
がれます。

## 表5　学校図書館における「バリアフリー資料」の所蔵状況

|  | 大活字本 | 点字図書 | 録音図書 | LLブック | マルチメディアDAIDY図書 | 電子書籍 |
|---|---|---|---|---|---|---|
| 小学校 | 15.5% | 42.5% | 5.2% | 6.2% | 1.3% | 0.2% |
| 中学校 | 16.5% | 19.6% | 5.7% | 4.0% | 1.0% | 0.3% |
| 高等学校 | 8.7% | 12.3% | 10.9% | 2.2% | 0.6% | 1.4% |
| 特別支援学校 | 16.2% | 15.8% | 14.2% | 9.4% | 21.0% | 2.5% |

※特別支援学校は中学部のデータを示した。
（出典：文部科学省総合教育政策局地域学習推進課「令和２年度「学校図書館の現状に関する調査」結果について」、2021年）

　大活字本に注目すると、小学校、中学校と特別支援学校がほぼ同じ割合となっています（2019年度末現在）。小学校や中学校のなかには、弱視の子どものための特別支援学級を設けている学校があります。こうした学校ほど、大活字本の所蔵数が多いのではないかと予想されます。しかし、この点を分析するデータがないため、推測にとどまります。また、特別支援学校においても、視覚障害の特別支援学校（盲学校）ほど同様の傾向にあるものと思われます。

　盲学校の学校図書館が所蔵する「バリアフリー資料」に関しては、全国視覚障害者情報提供施設協会によって、１館あたりの平均所蔵タイトル数が調査されています。その結果によると、大活字本と拡

## 図25　学校図書館等における
## 読書バリアフリーコンソーシアムのウェブサイト

大写本をあわせた1館あたりの平均所蔵タイトル数は、409タイトルでした。「バリアフリー資料」のなかでは、点字図書の2,394タイトル、音声DAISY図書の453タイトルに次ぐ多さでした。なお、学校図書館で作っている（複製している）拡大写本の1館あたりの平均製作タイトルは、51タイトルでした。

　いま、すべての学校で特別支援教育を受ける児童生徒が増加傾向にあります。今後、すべての学校図書館において、第2章で説明した「サピエ図書館」や「視覚障害者等用データの収集および送信サービス」といった仕組みを活用するなどして、「バリアフリー資料」の提供環境を、より充実していくことが急がれます。また、文部科学省では、学校図書館に特化した「学校図書館等における読書バリアフリーコンソーシアム」事業を2021（令和3）年度から開始し、学校図書館間での「バリアフリー資料」の共有を促進しようとしています。

　「学校図書館等における読書バリアフリーコンソーシアム」のウェ

ブサイト（https://accessreading.org/conso：図25）には、学校図書館におけるベストプラクティス（好事例）なども紹介されていますので、ぜひ参考にしてください。

　さて、そのベストプラクティスの1つから、実際の様子を見てみましょう。

　ここでは、神奈川県横浜市の横浜市立盲特別支援学校の学校図書館を紹介します。

---

## 子どもたちにとっての大活字本

野口豊子さん

横浜市立盲特別支援学校の学校図書館を担当。

　本校図書館は、視覚に障害があって市販の出版物をそのまま読めない児童・生徒のために、本を媒体変換することを行っています。具体的には、蔵書を点訳・音訳・拡大等で読める形にしています。

　特に夏休み前には、リクエスト応じて全国学校図書館協議会（SLA）課題図書を媒体変換して子どもたちに渡しています。盲学校といえば点字を使用していると思われるかもしれませんが、実際は弱視の生徒が半分強です。その子どもたちに渡すのは、テキスト化して文字を拡大した拡大図書です。ポイントだけでなく、フォントや行間・字間、ルビなどもその子どもの見え方に合わせて作成したものです。

　本は「読める」だけではなく、「読みやすい」ことが大切です。拡大読書器やタブレットでも、本やPDFをそのまま拡大して読む

---

ことはできます。しかし、「字間や行間が空きすぎる」、「どこを読んでいるか分からなくなる」などの問題があります。

　読みやすい本は内容をつかみ取りやすく、本を読むことの楽しさを味わうことができ、さらに理解を深めることができるのです。

　絵本についても拡大絵本としてボランティアグループに製作を依頼しています。絵本は意外なほど字が小さく、絵の上に字が載っている、字と背景が一体化して見づらい、言葉や文章が方々に飛び散っていて読む順番が分かりにくい、探せないなど、読みやすいとはいえないことが多いのです。

　読書の第1歩として読まれることの多い絵本も「読みやすさ」を踏まえたものとなってほしいと思います。また、「字が大きい」ということは、本が苦手な子でも「やさしい」と感じられるらしく、手に取りやすいという側面もあるようです。

　最近は、公共図書館にも拡大図書が置かれていますが、多くは高齢者向けのラインナップで、字体も弱視の子に適しているとは限りません。

　拡大図書の作成は、原本をPDFにとり、OCRにかけてテキスト化し校正するという作業が必須で、ボランティアグループに依頼しています。

　当然、学校図書館で製作できる拡大図書は限りがあります。ネット上のデータライブラリである「サピエ図書館」には、点字データとデイジーデータしかありません。青い鳥文庫がオンデマンドで大活字本を出してくださっていますが、もっと市販の大活字本がジャンルや量ともに増え、子どもたちの手に届くことを願っています。

## (3) 福祉施設

　高齢者施設や障害者施設などの福祉施設のなかには、図書室や図書コーナーなどの読書環境を設けているところも少なくありません。そして、その読書環境は、そこを利用している人、そこで暮らしている人にとっては、最も身近な読書環境であるかもしれません。おそらく、大活字本を用意しているケースもあるだろうと思われます。しかし、福祉施設の読書環境の実態を知り得るような調査研究は行われていないのが現状です。そのため、詳細な実態はよくわかっていません。

　ただし、すでに本節の（1）で紹介した、全国の公共図書館を対象とした全国公共図書館協議会の調査では、公共図書館と福祉施設の連携についてたずねています。公共図書館のうち、福祉施設入所者へのサービス（書籍等の貸出など）を行う体制があると回答した割合は42.6％でした。このサービスによって、福祉施設に入所している人にも大活字本が貸し出されているものと思われます。とはいえ、6割近くの図書館は、こうしたサービスを提供していません。今後のサービスの広がりを期待したいところです。

## 5.2　書店などにおける「大活字本」販売の実際

　近年は、辞・事典を含めて、大活字本を書店の店頭で見かけることも徐々に増えてきました。また、Amazon などのインターネット上のオンライン書店でも、大活字本は購入できます。

　ただし、出版（市販）されているすべての大活字本が書店に並んでいるわけではありません。大活字本の出版には、第4章で述べたように、オンデマンド出版の形態も広がっているため、出版社に注文して購入する大活字本もあるのです。

　例えば、講談社の「青い鳥文庫」シリーズの大活字本は、読書工房がオンデマンド出版しています。「青い鳥文庫」のウェブサイト（http://aoitori.kodansha.co.jp）には、

　「通常の青い鳥文庫とは異なり、「大きな文字の青い鳥文庫」は一般書店ではご購入できません。注文ごとに1冊ずつ印刷・製本するオンデマンド出版ですので、インターネットか電話、ファックスでご注文ください。」

と購入方法の説明が書かれています（図26）。

　オンデマンド出版の登場によって、出版社にとっては、大活字本を出版しやすくなりました。しかし、読者（利用者）にとっては、メリットばかりではありません。

図26 「青い鳥文庫」のウェブサイトにある
大活字版の注文方法の説明

## ご注文・お問い合わせ先

通常の青い鳥文庫とは異なり、「大きな文字の青い鳥文庫」は一般書店で
はご購入できません。注文ごとに1冊ずつ印刷・製本するオンデマンド出
版ですので、インターネットか電話、ファックスでご注文ください。「大
きな文字の青い鳥文庫」は、下記の「読書工房」でのみご注文を受け付け
ています。

【有限会社 読書工房】
TEL.03-5988-9160　FAX.03-5988-9161
E-mail:info@d-kobo.jp

　どの出版社が大活字本をオンデマンド出版しているのかを知って
いる人にとっては、容易に購入可能です。一方で、そのことを知ら
ない人（もしかしたら、こちらの方が多いかもしれません）にとっ
ては、購入方法以前に、そもそも出版されていること自体を把握で
きないのです。

　このことは、個人の読者（利用者）だけでなく、図書館などが選
書する際にも当てはまります。

　図書館の業界では、出版されているのかどうかが把握しづらい書
籍等を「灰色文献」と呼ぶことがあります（白＝出版有り、黒＝出
版無しの中間で灰色）。オンデマンド出版の大活字本は、まさに「灰
色文献」状態になっている可能性が否めないのです。

　これは、読者（利用者）にとっても、図書館にとっても、出版社
にとっても、とてももったいないことです。せっかく優れた大活字

本の作品があるのに、その存在が一部の人にしか認知されていないのですから。宣伝・広告の方法についても、さらなる工夫の余地があるといえます。

　なお、現在、オンデマンド出版された作品を含めて、どれくらいの大活字本の作品が市場流通しているのでしょうか。

　筆者は 2000（平成 12）年以降に出版され、現在も購入可能な「バリアフリー資料」を調べて、それらを収めた目録（『図書館のためのバリアフリー資料目録：大活字本・オーディオブックを中心に』）を 2022（令和 4）年に刊行しました。その結果、5,146 点（タイトル）の「バリアフリー資料」が市場流通しており、その約半数が大活字本でした。

## 5.3　読者による「大活字本」利用の実際

　本章の最後に、「大活字本」の読者の声を聞きたいと思います。読者は大活字本をどう捉えているのでしょうか。大活字本を愛読されている山本さんが声を寄せてくれました。

# 諦めていた読書の楽しみを、また味わうことができました

山本のり子さん
現在、シニア大学にて学習。

　久しぶりに友人に本の楽しさを伝えたら、「小さな字が面倒になってきた。今はスマホやテレビで充分」と言われました。

　たしかに、情報はどこからでも入ってきます。でも私は紙の本が好きで、頻繁に図書館へ通っていました。

　ただ、こうした友人の声にも耳を傾ける気になったのは、単行本を読む時間が非常に長く感じるようになったのと、目が疲れる年齢になったからだと思われます。

　そのように感じている時に、図書館のコーナーに「大活字本」を発見しました。

　まずは、昔から親しみがあった保阪正康の著作、『昭和史入門』（埼玉福祉会）をあっという間に読みあげました。昔読んだ本をまた読みたいと思い続けていましたが、一般の図書は字が小さく、読むことを諦めていました。

　大活字本は、字が大きいということもあり、苦もなく読むことができました。念願叶って、読みたい本を読むことができた嬉しさから、それからは自然に、大活字本を何冊も読むようになりました。

　私がその図書館に足を運ぶたびに、大活字本が増えていきました。今では児童文学や絵本と同じ場所に、大きなコーナーとして置かれています。

　視覚障害者の方をはじめ、低学年の生徒さんたちにも親しまれ、

読まれているということです。

　デジタル化が進んだことで、視覚障害者が読める本も少しは増え、電子手帳や点字の本、デジタルな情報など増えていると聞きます。しかし、私などは"紙の本"に親しみがあったので、この大活字本という形は好ましく思っております。

　障害者の方以外でも、私のように、日々の暮らしの中でも「大活字本」を必要としている人、場所は多いと思われます。

　例えば、地域のコミュニティ施設、高齢者施設、病院、クリニックなどなど。銭湯などにあっても自然に手に取ってみたくなるシリーズだと思います。

　情報が多様化する時代に、赤ちゃんから高齢者まで、そして障害の有無に関わらず、すべての人が本に触れることのできる環境になることを望んでいます。

【文献】
　・全国公共図書館協議会『2021 年度（令和 3 年度）公立図書館における読書バリアフリーに関する実態調査報告書』、2022 年、78p.
　・全国視覚障害者情報提供施設協会『点字図書館等におけるアクセシブルな書籍等の提供体制及び製作状況に関する調査研究事業報告書（厚生労働省委託令和 3 年度障害者総合福祉推進事業）』、2022 年、119p.
　・野口武悟監修『図書館のためのバリアフリー資料目録：大活字本・オーディオブックを中心に』日外アソシエーツ、2022 年、415p.
　・文部科学省総合教育政策局地域学習推進課「令和 2 年度「学校図書館の現状に関する調査」結果について」、2021 年
https://www.mext.go.jp/content/20220124-mxt_chisui01-000016869-1.pdf
（最終アクセス：2023 年 3 月 30 日）

# 第6章

# アクセシブルな
# 電子書籍への期待

「バリアフリー資料」として、
いま電子書籍が注目されます。
本章では、この電子書籍を取り上げます。
どのように普及して、活用されているのか。
また、その課題はどこにあるのか、考えてみましょう。

「読書バリアフリー法」では、アクセシブルな電子書籍に注目しています。第 2 章で述べたワンソース・マルチユース（one source multi use）のアクセシブルな電子書籍であれば、拡大や音声読み上げなどの多様な読書ニーズとスタイルに応じた、マルチな使い方に対応できます。しかし、現在のところ、出版・流通している電子書籍のすべてがアクセシブルというわけではありません。では、電子書籍の現状はどうなっているのでしょうか。また、アクセシブルな電子書籍の普及に向けて、どのような取り組みが進められているのでしょうか。本章では、これらを見ていきたいと思います。

## 6.1　電子書籍の出版・流通はいま

　日本では、Apple 社のタブレット端末「iPad」の初代が 2010（平成 22）年に発売されたのを機に、電子書籍ブームが到来しました。タブレット端末の登場からまだ 10 年少々しか経っていないのですが、いまやすっかり定着した感があります。また、2012（平成 24）年ごろからは、スマートフォンを用いた電子書籍の読書も、若者を中心に急速に広まりました。それから 10 年が経過した現在では、出版・流通する電子書籍のコンテンツは飛躍的に増大しています。

　電子書籍の出版・流通の規模を把握する方法の 1 つに、市場規模を見るという方法があります。日本の電子書籍市場に関する調査と

しては、インプレス総合研究所による『電子書籍ビジネス調査報告書』が毎年発行されていて、参考になります。これは、コンピュータ、タブレット、スマートフォンなどで読む有償の（流通・販売している）電子書籍コンテンツの市場を調査したものです。

　2021（令和3）年度の電子書籍市場は、『電子書籍ビジネス調査報告書2022』によると、5,510億円と推計されます。2020（令和2）年度が4,821億円でしたので、1年で689億円（14.3％）増加しています。ちなみに、2011（平成23）年度が651億円でしたので、電子書籍の市場はこの10年で9倍近く増大したことになります。

　2020年度以降は、新型コロナウイルス感染症の感染拡大に伴う外出自粛・巣ごもり需要によって電子書籍へのニーズが高まったことも、市場の増大に追い風となっていると見られています。

　インプレス総合研究所では、2026（令和8）年度には8,000億円の市場に成長すると予測しています（図27）。なお、2023（令和5）年1月に公益社団法人全国出版協会出版科学研究所が発表したデータによると、2022（令和4）年の日本の出版市場規模全体に占める電子書籍市場の割合は、3割でした。

　また、同じく『電子書籍ビジネス調査報告書2022』によると、2021（令和3）年度の電子書籍市場規模のうち、コミックの占める割合が84.6％でした（図28）。

　つまり、日本の電子書籍の大半がコミック（マンガ）ということです。言い方を変えると、日本の電子書籍出版は、コミックに大きく依存した現状にあるということもできます。小説などの文芸作品や実用書といった文字主体の電子書籍コンテンツの市場規模があまりに小さいことに驚く人が多いかもしれません。

## 図27 日本の電子書籍市場の推移

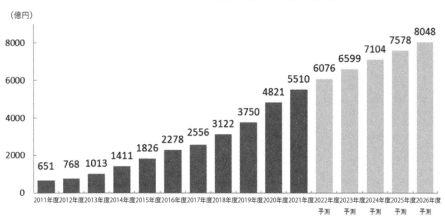

（出典：インプレス総合研究所『電子書籍ビジネス調査報告書2022』インプレス、2022年）

## 図28 ジャンル別に見た電子書籍市場の推移

（出典：インプレス総合研究所『電子書籍ビジネス調査報告書2022』インプレス、2022年）

電子書籍のコンテンツはデータ、つまり「無体」ですので、紙の書籍のように「有体」ではありません。このことは、流通・販売の方法にも違いをもたらします。紙の書籍であれば、街中の書店の店頭に陳列して販売できるわけですが、電子書籍は「無体」のため、そうはいきません。必然的にインターネット上の電子書店（ストア）やサブスクリプションサービスと呼ばれる定額の読み放題サービスを利用することになります。電子書籍市場が拡大することで、出版社にとってはチャンスとなるかもしれませんが、街の書店にはほとんどメリットがないのです。

では、電子書籍の読者は、どのような電子書店（ストア）やサービスを利用して電子書籍を入手しているのでしょうか。この点についても、『電子書籍ビジネス調査報告書2022』から見てみたいと思

## 図29　電子書籍を購入・課金している
## 電子書店（ストア）やサービス（上位20位まで）

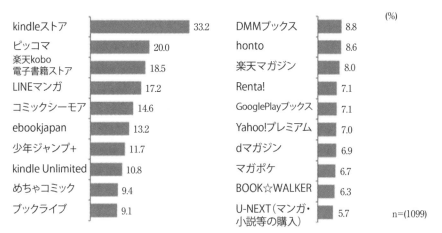

| | (%) | | (%) |
|---|---|---|---|
| kindleストア | 33.2 | DMMブックス | 8.8 |
| ピッコマ | 20.0 | honto | 8.6 |
| 楽天kobo電子書籍ストア | 18.5 | 楽天マガジン | 8.0 |
| LINEマンガ | 17.2 | Renta! | 7.1 |
| コミックシーモア | 14.6 | GooglePlayブックス | 7.1 |
| ebookjapan | 13.2 | Yahoo!プレミアム | 7.0 |
| 少年ジャンプ+ | 11.7 | dマガジン | 6.9 |
| kindle Unlimited | 10.8 | マガポケ | 6.7 |
| めちゃコミック | 9.4 | BOOK☆WALKER | 6.3 |
| ブックライブ | 9.1 | U-NEXT（マンガ・小説等の購入） | 5.7 |

n=(1099)

（出典：インプレス総合研究所『電子書籍ビジネス調査報告書2022』インプレス、2022年）

います。多い順に、「Kindle ストア」33.2%、「ピッコマ」20.0%、「楽天 Kobo 電子書籍ストア」18.5%などとなりました（図 29）。コミック（マンガ）に特化した電子書店（ストア）やサービスが多く、電子書籍市場がコミック（マンガ）中心であることは販売ルートからもうかがえます。

## 6.2　アクセシブルな電子書籍とそうでない電子書籍

### (1) 電子書籍コンテンツのフォーマットによる違い

　現在、流通している電子書籍コンテンツは、フォーマット（ファイル形式）によって、音声読み上げなどに対応しているアクセシブルなものと、そうでないものが混在しています。

　電子書籍のフォーマットは、その製作方法から大きく 2 つに分けることができます。

　1 つは、全文テキストを構造化した XML 系電子書籍です。文字サイズを変えると、文字の流れ（改行の位置）が変わり、画面内で常に文字と文字がつながって読み続けることができます。このことから、「リフロー型電子書籍」とも呼ばれています。文芸書など、文字主体のコンテンツに向いています。

　全文テキスト情報を有していることから、読者が利用するコンピュータ、タブレット、スマートフォンなどの端末に合成音声（TTS）のソフトウェアが入っていれば、音声読み上げができま

す。もちろん、文字の拡大もできます。また、点字ピンディスプレイを利用すれば、点字でも読むことができます。このタイプには、EPUB（イーパブ）や第2章でも説明したDAISY（デイジー）などがあります。このタイプが、まさに、ワンソース・マルチユース（one source multi use）のアクセシブルな電子書籍といえます。

　もう1つは、紙に印刷された書籍をスキャニングして、画像データとして製作した画像系電子書籍です。画像として固定されることから「フィックス型電子書籍」とも呼ばれています。現在流通する電子書籍で多くを占めるコミック（マンガ）はもちろんですが、図表の多い実用書や専門書が、こうした画像系電子書籍として製作されることが多い現状にあります。

　また、こうして製作された電子書籍は、校閲の手間が省け、短期間に安価に製作することができます。このことから、文字系コンテンツであっても画像系電子書籍として製作できるという特徴もあります。

　画像データのため、全文テキスト情報を持たないことが多く、その場合は、読者が利用する端末にTTSのソフトウェアが入っていても、音声読み上げはできません。ただし、文字の拡大は可能です。現状としては、コミック（マンガ）中心のため、このタイプの電子書籍が多く流通しています。

　以上のことから、拡大だけでなく、音声読み上げなどの対応の可能性を考慮すれば、XML系電子書籍とすることが理想です。あるいは、画像系電子書籍であっても、光学文字認識（OCR）によってデータ内に全文テキスト情報を埋め込むことで、音声読み上げに対応することもできます。視覚障害者等や高齢者など誰もが利用で

きる電子書籍コンテンツとするには、これらの電子書籍コンテンツのより一層の充実が望まれます。

アクセシブルな電子書籍に関しては、「読書バリアフリー法」が制定される 2019（令和元）年以前から、さまざまな検討や研究が行われてきました。

例えば、電子書籍の TTS 対応に関する調査としては、一般社団法人電子出版制作・流通協議会が取りまとめた「アクセシビリティを考慮した電子出版サービスの実現」があります。この調査は、総務省「新 ICT 利活用サービス創出支援事業」（2010 年度）として行われたものです。

報告書では、TTS 対応の電子出版制作ガイドラインを示しています。具体的には、「出版社、電子出版制作者が大きな負担なく TTS 対応電子出版物を制作できるようにするため、TTS に必要な項目を整理・体系化する」ことを目的として掲げ、TTS の機能やレイアウトなどについての基本方針を定めました。TTS の機能については、「読上げ速度」、「声の種類」、「記号読み」、「抑揚表現」、「強調記号」、「間の設定」の 6 項目に分類しています。また、調査当時、すでに電子書籍コンテンツが利用可能だった「iPad」、「kindle」、「Sony Reader」、「GALAPAGOS」の各端末について、搭載している基本的なアクセシビリティ機能を整理しています。

この調査は、2010（平成 22）年というかなり早い時期に実施されたものとして、先駆的な意義を持ちます。しかし、現在からすれば、調査対象とした端末の種類や、電子書籍コンテンツ、電子書店（ストア）が少なく、基本的な記述にとどっています。そのため、現在も、さまざまな研究や検討が行われています（詳しくは 6.3 で説明

します）。

## (2) 電子書籍コンテンツのフォーマット以外の要素

　ここまで説明した電子書籍コンテンツのフォーマットがアクセシブルなものだったとしても、それだけでは電子書籍がワンソース・マルチユース(one source multi use)にならない場合もあり得ます。

　例えば、利用する端末に音声出力機能が備わっていなければ、音声読み上げはできません。また、電子書店（ストア）の操作メニューも音声読み上げなどに対応していなければ、視覚障害者等の音声だけで操作をする必要がある人にとっては、そもそも電子書籍コンテンツを購入することさえできません。

　近年、地域の公共図書館でも電子図書館（電子書籍サービス）を導入するところが増えていますが、この電子図書館（電子書籍サービス）についても電子書店（ストア）とまったく同じことがいえます。

　つまり、誰もが利用できる電子書籍を考えるとき、コンテンツのフォーマットとともに、利用する端末、その流通プロセスである電子書店（ストア）やサブスクリプションサービスのサイトやアプリ、電子図書館（電子書籍サービス）のサイトやアプリのアクセシビリティも重要なのです。これらのアクセシビリティに関しても、「読書バリアフリー法」制定以降、さまざまな研究や検討が急ピッチで進められつつあります（こちらも 6.3 で紹介します）。今後に期待したいところです。

　ただし、これまでの日本の「障害者差別解消法」や「読書バリアフリー法」などの法律では、出版社や端末の開発・販売事業者、電子書店（ストア）やサブスクリプションサービスの運営事業者に対

して、アクセシビリティ対応を義務づける規定は存在していませんでした（努力義務や理念の提示にとどまっていました）。

　一方で、都道府県や市区町村が設置する公共図書館に対しては、「障害者差別解消法」によって、障害者への「合理的な配慮」が義務づけられています。そのため、その一環として、電子図書館（電子書籍サービス）の導入にあたってはアクセシビリティ機能を意識するケースは少なくありません。電子図書館（電子書籍サービス）のシステムを図書館に提供している事業者は、そのことを意識して、アクセシビリティ向上のための改善に日々取り組んでいます。

　今後、2024（令和 6）年度から、民間の事業者にも障害者への「合理的な配慮」の提供が義務づけられることとなりました。これを受けて、出版社や端末の開発・販売事業者、電子書店（ストア）やサブスクリプションサービスの運営事業者によるアクセシビリティ機能向上への取り組みにも注目したいと思います。

## 6.3　アクセシブルな電子書籍の普及に向けて

　「読書バリアフリー法」制定に伴って、2019（令和元）年に常設の「視覚障害者等の読書環境の整備の推進に係る関係者協議会」が国に設置されました。

　この会議体は、「視覚障害者等の読書環境の整備の推進に関する施策の効果的な推進を図るため、文部科学省、厚生労働省、経済産業省、総務省その他の関係行政機関の職員、国立国会図書館、公立

図書館等、点字図書館、第十条第一号のネットワークを運営する者、特定書籍又は特定電子書籍等の製作を行う者、出版者、視覚障害者等その他の関係者」（同法第18条）によって構成されています。

　この会議体を構成する各々の機関において、アクセシブルな電子書籍に関する研究や検討が進められています。これらの研究や検討の成果は、今後のアクセシブルな電子書籍の普及に直結することでしょう。主な研究や検討について、その内容から出版社、電子書店（ストア）、電子図書館（電子書籍サービス）に分けて見ていきたいと思います。

## （1）出版社

　2020（令和3）年7月に国の「読書バリアフリー基本計画」が策定・公表されたことを受けて、経済産業省は、出版関係者との検討の場として「読書バリアフリー環境に向けた電子書籍市場の拡大等に関する検討会」を設置して、検討を開始しました。

　初年度である2020年度は、電子書籍等の製作と販売等の促進、出版者からのテキストデータ提供の促進を図るために、その障壁となるさまざまな課題を抽出するための調査を実施し、課題の解決に向けた方策の検討を行いました。具体的には、出版社に対して電子書籍の出版状況、テキストデータの作成・提供状況、電子書籍化の課題などを把握・整理するためにアンケート調査を実施しました。また、電子書籍の出版・流通・販売に関わる出版社や読書バリアフリーに関する有識者などに対してのヒアリング調査、海外における読書バリアフリーに関する制度や事例等の文献調査も行いました。これら調査の結果をふまえて、検討会では、読書バリアフリー環境

構築に向けた「ロードマップ」と「アクションプラン」をまとめました。課題の解決に向けた各施策の実施目標が「ロードマップ」であり、具体的な施策内容を示したものが「アクションプラン」という関係です。詳しくは、検討会の報告書である『読書バリアフリー環境に向けた電子書籍市場の拡大等に関する調査報告書』に掲載されていますが、参考までに「ロードマップ」を表6に示します。

## 表6　読書バリアフリー環境に向けた 電子書籍市場の拡大等に向けたロードマップ

| 施策 | 2020 ～ 2025 年度 |
|---|---|
| （1）<br>課題整理 | 2020 年度：電子書籍化及びテキスト提供における課題整理<br>※3.に記載 |
| （2）① 1)<br>統合的なデータベースの構築 | 2021 年度：システム設計（データベースにアクセシビリティ関連項目の追加、ウェブサイトのアクセシビリティ向上等）<br>2022 年度：システム運用開始<br>2022 ～ 23 年度：システム内の段階的なコンテンツ充実（アクセシビリティ情報の追記等） |
| （2）① 2)<br>リフロー形式の基準の検討 | 2021 年度：基準に向けた情報収集、基準作りを担う主体の選定<br>2022 年度：課題整理、基準のプロトタイプの検討<br>2023 年度：基準案の作成 |
| （2）② 1)<br>サポートセンターの設置・運営 | 2021 年度：アクセシブル・ブックス・サポートセンター設置準備<br>2022 年度：関係団体との連携の協議及び規約・契約などを策定<br>2023 年度：運用開始予定 |

| （2）②2)<br>テキスト抽出<br>等に関する基<br>準の検討 | 2021 年度：基準に向けた情報収集、基準作りを担う主体<br>の選定<br>2022 年度：課題整理、基準のプロトタイプの検討<br>2023 年度：基準案の作成 |
|---|---|
| （2）③<br>検討会の開催 | 2020 年度：ロードマップ及びアクションプランの作成<br>2021 年度以降：ロードマップ及びアクションプランの更<br>新 |

（出典：経済産業省『読書バリアフリー環境に向けた電子書籍市場の拡大等に関する調査報告書』、2021 年、p.33）

　2020 年度の検討会では、出版業界から、「アクセシブル・ブックス・サポートセンター」（ABSC）の設置が提案されました。これは、アクセシブル対応についての問い合わせが出版各社に寄せられても事務処理が負担となるため、出版業界としての問い合わせ窓口を設けようとするものです。ABSC は、2023（令和 5）年 4 月、正式にスタートしました。

　続く 2021（令和 3）年度の検討会では、先に紹介した「ロードマップ」と「アクションプラン」に沿って、「総合的なデータベースの構築」について取り組みました。具体的には、一般社団法人日本書籍出版協会が運営する「Books」（https://www.books.or.jp）のアクセシビリティの向上を図り、2022（令和 4）年から、出版・流通している電子書籍が TTS による音声読み上げに対応しているかどうかを表示できるようになりました。

　「Books」は、各出版社からの情報提供をもとに、出版・流通している紙の書籍・電子書籍が検索できる出版書誌データベースです。誰でも利用できますので、関心がありましたら、みなさんも使って

みてはいかがでしょうか。

　また、2021 年度の検討会では、出版・流通する電子書籍のうち、視覚障害者等から要望の多い文芸書・実用書などの文字主体のコンテンツについて、「リフロー型電子書籍」の検討を進めました。「リフロー型電子書籍」は全文テキスト情報を有しているため、合成音声（TTS）による音声読み上げが可能です。

　ところが、検討を進めるなかで、TTS による音声読み上げにも課題が多いことがわかりました。具体的には、本文中の外字・異体字の取り扱い、図表の取り扱い、数式などの表現の取り扱いです。これらについて、2022（令和 4）年度以降、段階を区切って検討・整理を進めることとしています。

## (2) 電子書店 (ストア)

　国の「読書バリアフリー基本計画」では、「アクセシブルな電子書籍等の販売が促進されるようにするため、昨今の新たな技術（特に ICT）の動向と視覚障害者等の多様なニーズを分析し、視覚障害者等の読書環境の整備に向けた取組を検討する」こととされました。

　これを受けて、総務省では、2020（令和 2）年度に「アクセシブルな電子書籍等の普及に向けた調査研究」を行い、視覚障害者等の読書の実態と課題に基づいて、電子書籍に関する技術的な課題の解決に求められる方向性を整理しました。そして、2021（令和 3）年度には、先の調査結果を踏まえて、電子書籍を販売する電子書店（ストア）などのアクセシビリティを向上するための調査などを行いました。その結果、「電子書店のガイドライン作成の重要性」が

指摘されました。

　電子書店（ストア）のアクセシビリティを検討するにあたっては、すでに日本工業規格（JIS規格）として定められているウェブアクセシビリティの規格であるJIS X 8341-3: 2016「高齢者・障害者等配慮設計指針 ── 情報通信における機器、ソフトウェア及びサービス ── 第3部：ウェブコンテンツ」を参考規格としています。

　電子書店（ストア）におけるアクセシビリティ上の課題はいくつもありますが、そのいくつかを挙げてみましょう。

・クレジットカード情報の入力に際して求められる安全確認のためのセキュリティコードの入力が視覚障害者等には難しい。
・入力フォームにカタカナ、ひらがなの区別を厳密に要求する電子書店（ストア）もあるが、視覚障害者等が音声読み上げで確認しようにもその区別の確認が難しいため、入力エラーとなってしまい先に進めない。
・販売されている電子書籍コンテンツでどのようなアクセシビリティ機能が使えるのか（音声読み上げ可能かどうかなど）を購入前に確認することが難しい。
・キーボードだけですべての操作ができるようになっていない。
・電子書店（ストア）サイト内のページやセクションごとに見出しタグを付与するなどの構造化が図られていないため、視覚障害者等はサイトの冒頭からすべてを音声読み上げして操作することになり、目的とするページやコンテンツに到達するまでに時間がかかる。
・ポップアップ型のフローティング広告などが広がっているが、視

覚障害者等の円滑なサイト利用を阻害している。

これらは課題の一部に過ぎません。解決が急がれます。

総務省では、2022（令和3）年度には、電子書店（ストア）のアクセシビリティ評価を行いました。今後、アクセシビリティ対応の指針となるガイドブックを作成して、公表する予定となっています。

## （3）電子図書館（電子書籍サービス）

総務省が電子書店（ストア）のアクセシビリティを検討しているのに対して、国立国会図書館では電子図書館（電子書籍サービス）のアクセシビリティの検討を進めています。

国立国会図書館では、2021（令和3）年に「図書館におけるアクセシブルな電子書籍サービスに関する検討会」を設置しました。国の「読書バリアフリー基本計画」では、「音声読み上げ機能（TTS）等に対応したアクセシブルな電子書籍等を提供する民間電子書籍サービスについて、関係団体の協力を得つつ図書館における適切な基準の整理等を行い、図書館への導入を支援する」としており、この点について「図書館におけるアクセシブルな電子書籍サービスに関する検討会」で検討を進めることになりました。

2021（令和3）年度の検討会では、「障害者の情報行動アンケート」、「海外事例調査」、「電子図書館ベンダーや各種図書館等からのヒアリング」が実施されました。

特に、「電子図書館ベンダーや各種図書館等からのヒアリング」では、現在の電子図書館（電子書籍サービス）のシステムが抱えるアクセシビリティ上の課題が見えてきました。その主なものを挙げ

てみます。

・電子図書館（電子書籍サービス）のウェブサイトが十分にアクセシブルとはいえず、提供されている電子書籍コンテンツを探すのが難しい。
・探している（読みたい）電子書籍コンテンツがアクセシブルであるかどうかが事前にわからない。
・電子図書館（電子書籍サービス）で提供されている電子書籍コンテンツのビューア（閲覧ソフト）のアクセシビリティ機能は、どのような端末でも同じように利用できるわけではない。

また、「障害者の情報行動アンケート」からは、次のような点が明らかとなりました。

・視覚障害者等の読書ニーズは、紙媒体から電子書籍、オーディオブックに移りつつある。
・ロービジョン（弱視）、上肢障害・全身障害では文字の拡大、ディスレクシアでは文字間・行間の調整に対するニーズが高かったが、音声読み上げへのニーズは障害の種別を問わず寄せられた。

2022（令和4）年度の検討会では、「電子図書館のアクセシビリティ対応ガイドライン」を検討しています。このガイドラインの目的は、電子図書館を視覚障害者等が利用するにあたって必要となるアクセシビリティの要件を整理することです。このガイドラインも近く作成、公表の予定です。各図書館におけるガイドラインの活用が望

まれます。

## （4）大切なのは生かすこと

　以上のように、現在、アクセシブルな電子書籍に関する研究や検討がさまざまに進められています。ここに述べたのは主なものですので、このほかの取り組みもあります。

　大切なのは、これらの研究や検討の成果を出版・流通や図書館それぞれの現場で生かしていくことです。現場が生かさなければ、せっかくの成果も画に描いた餅になってしまいます。そうなっては実にもったいないことです。

　こうした研究や検討が行われていることやその成果については、正直なところ関心のある人以外にはあまり知られていません。現場でしっかりと生かせるように、関係する省庁による積極的な広報・周知にも期待したいところです。

【文献】
・インプレス総合研究所『電子書籍ビジネス調査報告書 2022』インプレス、2022 年
・植村八潮「出版・図書館における「読書バリアフリー法」対応の現状と課題（その2）」『画像電子学会第 51 回 VMA 研究会／第 17 回視覚・聴覚支援システム (VHIS) 研究会予稿』、2023 年 3 月、p.31-37.
・落合早苗「ABSC 設立に向けて」『画像電子学会第 51 回 VMA 研究会／第 17 回視覚・聴覚支援システム (VHIS) 研究会予稿』、2023 年 3 月、p.38-52.
・経済産業省『読書バリアフリー環境に向けた電子書籍市場の拡大等に関する調査報告書』、2021 年
・国立国会図書館図書館におけるアクセシブルな電子書籍サービスに関する検討会『図書館におけるアクセシブルな電子書籍サービスに関する検討会　令和3年度報告書』国立国会図書館、2022 年
・野口武悟、植村八潮『アクセシブルな電子書籍の製作と提供に関する実証的研究』（平成 26 年度〜 28 年度 JPSP 科学研究費助成金基盤研究（C）研究成果報告書）、2017 年

# 終章

# 読書から「誰一人取り残さない」
# 社会の実現に向けて

最後に、「読書バリアフリー」環境のために
私たち一人ひとりにできることはなにか、
SDGs の理念も絡めて、
考えてみましょう。

いよいよ本章が本書の締めくくりとなります。これまでの各章の内容を受けつつ、全体のまとめを述べたいと思います。

「大活字本」の普及や「読書バリアフリー」環境の実現は、行政、出版社、図書館、ボランティアなどの担うところが大きいことは間違いありません。しかし、読者のみなさん一人ひとりの意識や取り組みも、決して小さくありません。では、何をしていったらよいのでしょうか。

# 終 .1 「誰一人取り残さない」は読書にも

「誰一人取り残さない（leave no one behind ）」というフレーズをよく耳にするようになりました。この「誰一人取り残さない」は、2015（平成 27）年に国際連合総会で採択された「持続可能な開発目標（SDGs）」で謳われています。SDGs の目標達成に向けて、国内外の多方面でさまざまな取り組みが進んでいます。

しかし、環境問題への取り組みというイメージがまだ強いように感じます。実際は、それだけにとどまるものではありません。17 の目標、169 の達成基準、232 の指標から成っているのです（図30）。

図 30 に掲げられた SDGs の 17 の目標を見ていただくと、実に社会のあらゆる側面をターゲットにした目標となっていることがわかると思います。

でも、残念ながら、読書に特化した目標は掲げられていません。序章で述べたように、「本の飢餓」によって読書から取り残されている人々が世界中にいるにも関わらず。もちろん、だからといって、読書から誰一人取り残されていいわけはありません。

　改めて、17の目標を見てみると、4つめの目標に「質の高い教育をみんなに（Quality Education）」があります。この目標をより詳しく見ると、「すべての人に包摂的かつ公正な質の高い教育を確保し、生涯学習の機会を促進する」ことを目指すものとの説明があります。

　ここからは、「すべての人に包摂的」な教育、すなわち、障害の有無により分け隔てられることのないインクルーシブな教育の実現が目指されていることがわかります。また、「生涯学習の機会」とあるように、ここにいう教育は、学校教育だけでなく、全年齢を対象とした教育を指していることもわかります。つまり、障害の有無や年齢にかかわらず、教育から「誰一人取り残されない」社会の実現を目指しているわけです。

　当然ですが、教育は、読書と切っても切り離せません。日本において、学校だけでなく、地域の公共図書館が、教育委員会所管の社会教育機関に位置づけられているのもこのためです。

　そう考えると、「質の高い教育をみんなに」の目標達成には、「本の飢餓」の解消が不可欠です。言い換えれば、「読書バリアフリー」環境の実現あってこそ、「質の高い教育をみんなに」は達成できるのです。この点からすれば、**「誰一人取り残さない」は読書にも、いや、読書にこそ、**と強調しておきたいと思います。

## 図 30　SDGs の 17 の目標

## 終 .2　「大活字本」が牽引する「読書バリアフリー」

　本書のここまでの章で紹介してきたように、さまざまな種類があ
る「バリアフリー資料」のなかでも、「大活字本」が最も普及して
いることがおわかりいただけたかと思います。

　全国の公共図書館における所蔵率は 92.1％にのぼり、91.2％の公
共図書館には「大活字本コーナー」が設置されています。これほど
普及してきた背景には、第 3 章、第 4 章でも述べたように、多くの
出版社が「大活字本」出版に参入したことが大きかったといえます。
また、視覚障害者等や高齢者だけでなく、子どもなど、障害の有無

や年齢を問わず誰もが読める書籍であることも見逃せません。似たような傾向は、点字付きさわる絵本、オーディオブック、LLブックなど、他の種類の「バリアフリー資料」にも見られ始めています。今後の出版拡大に期待したいと思います。

　本書では、「大活字本」とアクセシブルな電子書籍の関係についても述べました。

　第6章で述べたように、電子書籍の市場は今後もどんどん拡大していくことでしょう。また、現在進められている研究や検討の成果を生かすことで、文字の拡大はもちろん、音声読み上げなども可能なワンソース・マルチユースのアクセシブルな電子書籍も、一層普及するものと期待されます。

　では、紙の「大活字本」はなくなってしまうのか、なくしていいのかといえば、そうではありません。第4章で述べたように、電子書籍を利用するためのコンピュータ、タブレット、スマートフォンなどのICT機器の操作に抵抗を感じる人や、紙の紙面の文章は読めるのに画面に表示された文章は読みづらい人など、電子書籍では読みづらい特性のある人がいます。こうした人たちにとっては、紙の「大活字本」がなくなったり、なくしてしまったりしたら、それは読書上のバリア(障壁)になってしまいます。「読書バリアフリー」の推進に寄与すると思ったことが、逆にバリアを生んでしまうこともあり得るのです。

　紙の「大活字本」か電子書籍の拡大機能かの二者択一や、対立軸で考えるべきではありません。紙も電子もあって、読者自身が自分にあったものを選べるようにすることが大切です。紙の「大活字本」の最大の強みは、何といっても、何の機器もいらずに、そのままで

読めることです。こうした強みを持つ紙の「大活字本」は、これからも読書の大切な選択肢の1つとしてあり続けるでしょう。

こうした構図は、他の種類の「バリアフリー資料」にもいえることです。音声読み上げが可能なアクセシブルな電子書籍が普及しても、音声DAISY図書やオーディオブックは読書の選択肢として必要なのです。

読者の多様なニーズと読書スタイルに応えていくためには、多様な選択肢をいかに用意できるかがカギとなります。アナログベースの時代は、それが容易ではありませんでした。「本の飢餓」の解消がなかなか進まなかった背景の1つでもあります。

しかし、今や、アクセシブルな電子書籍とICT機器が発展、普及し始めたことで、選択肢を容易に用意できる時代になったのです。こうした時代の変化を「読書バリアフリー」環境の実現にうまく生かしていくことが大切です。

## 終.3 読者＝私たちにできること

では、誰が生かしていくのでしょうか。もちろん、「読書バリアフリー」環境づくりに携わっている行政、出版社、図書館、ボランティアなどの関係者がまず挙げられます。

しかし、最も重要な関係者を忘れてはいけません。**読者自身です。**

本書の読者のなかにも、現に「読書バリアフリー」の必要性を切実に感じている読者もいれば、そうでない読者もいるでしょう。し

かし、今はそうでなかったとしても、誰しも「読書バリアフリー」を必要とするときがくるかもしれないのです。

　たとえば、急に病気や事故でそうなるかもしれませんし、年齢とともにそうなるかもしれません。そう考えると、読者のすべて、言い換えると、私たち一人ひとりが、「読書バリアフリー」を自分事として捉え、考え、できることに取り組んでいくことが大切なのです。

　でも、「出版社や図書館に勤務しているならともかく、そうでないのにできることはあるのだろうか？」と思う人も多いでしょう。私たちにできることはたくさんあります。2つほど具体例をあげてみます。

## ①知ること

　本書で取り上げた「本の飢餓」のことや日本の現状はもちろん、「大活字本」などのさまざまな種類の「バリアフリー資料」があることを知ることで、自分の読書ニーズやスタイルがたとえ変化しても、読書をあきらめずに済みます。

## ②伝え・広めること

　本書を通して知ったことをぜひ周囲の人にも伝え、広めてください。それによって、「読書バリアフリー」への理解の輪が大きくなっていきます。そして、それが、行政や出版社や図書館などを動かす力にもなります。小さなことかもしれませんが、それが積み重なっていけば、大きな力になるのです。

　私たち一人ひとりが「読書バリアフリー」を自分事として捉え、考え、その実現に向けて力を合わせて、今できることを1つずつ取り組んでいきましょう。

　本書を最後までお読みくださり、ありがとうございました。

## 終.4　役立つブックリスト

　最後に、「大活字本」や「読書バリアフリー」についてもっと知りたい人のために、参考になる書籍をいくつか紹介します（著者の五十音順）。いずれも地域の公共図書館や書店で入手可能です。

・佐藤聖一　著
　『1からわかる図書館の障害者サービス：誰もが使える図書館を目指して』学文社、2015年、160頁、定価1900円＋税.

・日本図書館協会障害者サービス委員会・著作権委員会　編
　『障害者サービスと著作権法　第二版（JLA図書館実践シリーズ26）』日本図書館協会、2021年、151頁、定価1600円＋税.

・日本図書館協会障害者サービス委員会　編
　『図書館利用に障害のある人々へのサービス［上巻］利用者・資料・サービス編　補訂版（JLA図書館実践シリーズ37）』日本図書館協会、

2021 年、304 頁、定価 1800 円＋税.

・日本図書館協会障害者サービス委員会　編
『図書館利用に障害のある人々へのサービス［下巻］先進事例・制度・法規編　補訂版（JLA 図書館実践シリーズ 38)』日本図書館協会、2021 年、320 頁、定価 1800 円＋税.

・日本盲人社会福祉施設協議会情報サービス部会　編
『障害者の読書と電子書籍：～見えない、見えにくい人の「読む権利」を求めて～』小学館、2015 年、160 頁、定価 1600 円＋税.

・野口武悟、植村八潮　編著
『改訂　図書館のアクセシビリティ：「合理的配慮」の提供へ向けて』樹村房、2021 年、218 頁、定価 2000 円＋税.

・野口武悟、児島陽子、入川加代子　著
『多様なニーズによりそう学校図書館：特別支援学校の合理的配慮を例に』少年写真新聞社、2019 年、168 頁、1700 円＋税.

・野口武悟　監修
『図書館のためのバリアフリー資料目録：大活字本・オーディオブックを中心に』日外アソシエーツ、2022 年、430 頁、定価 16000 円＋税.

・広瀬洋子、関根千佳　編著
『改訂版　情報社会のユニバーサルデザイン』放送大学教育振興会

（NHK 出版発売）、2019 年、283 頁、定価 3000 円＋税.

【謝辞】

　本書の刊行にあたっては、三和書籍編集部の小玉瞭平さんに大変お世話に
なりました。遅々とした執筆でご迷惑をおかけしましたが、小玉さんの温か
い励ましのおかげで書き上げることができました。ありがとうございました。

　また、「大活字本」の出版に取り組む出版社のみなさま、そして、「読書バ
リアフリー」環境の実現に向けて日々ご尽力されている関係者のみなさまに、
心より敬意を表します。

【著者】

野口 武悟（のぐち　たけのり）

専修大学文学部教授、放送大学客員教授。
筑波大学大学院博士課程修了、博士（図書館情報学）。
図書館情報学を専門とし、読書バリアフリー、障害者サービス、子どもの読書活動、電子図書館などを研究している。
現在、千代田区図書館評議会会長、小田原市図書館協議会委員長、（公社）全国学校図書館協議会編集委員会委員長のほか、NPO ブックスタート理事、日本特別ニーズ教育学会理事、（一社）日本子どもの本研究会監事、（公社）日本図書館協会障害者サービス委員会委員、（一社）日本出版インフラセンター ABSC 管理委員会委員なども務める。
主な著書に、『学校経営と学校図書館（改訂二版）』（共編著、放送大学教育振興会、2023 年）、『電子図書館・電子書籍サービス調査報告 2022：これまでの 10 年とこれからの 10 年』（共編著、樹村房、2022 年）、『学びの環境をデザインする学校図書館マネジメント』（共編著、悠光堂、2022 年）、『改訂　図書館のアクセシビリティ：「合理的配慮」の提供へ向けて』（共編著、樹村房、2021 年）、『変化する社会とともに歩む学校図書館』（単著、勉誠出版、2021 年）などがある。

# 読書バリアフリーの世界
## 大活字本と電子書籍の普及と活用

2023 年 7 月 29 日　第 1 版第 1 刷発行
2023 年 9 月 7 日　第 1 版第 2 刷発行

著　者　　野口武悟
©2023 Takenori Noguchi

発行者　　高橋　考
発　行　　三和書籍

〒 112-0013　　東京都文京区音羽 2-2-2
電話 03-5395-4630　FAX 03-5395-4632
sanwa@sanwa-co.com
https://www.sanwa-co.com/
印刷／製本　中央精版印刷株式会社

## 大活字本シリーズ　江戸川乱歩
## 全巻セット（7冊）

江戸川乱歩(著)、三和書籍(編)

A5判／並製／本体24,500円+税

① 『怪人二十面相』怪人二十面相
② 『人間椅子』人間椅子／Ｄ坂の殺人事件／押絵と旅する男／蟲
③ 『パノラマ島綺譚』パノラマ島綺譚
④ 『屋根裏の散歩者』屋根裏の散歩者／心理試験／芋虫／二銭銅貨
⑤ 『火星の運河』火星の運河／鏡地獄／月と手袋／白昼夢／人でなしの恋
（7月刊行予定）
⑥ 『黒蜥蜴』黒蜥蜴
（8月刊行予定）
⑦ 『陰獣』陰獣／双生児／赤い部屋
（9月刊行予定）

## 大活字本シリーズ　森鷗外
## 全巻セット（8冊）

森鷗外(著)、三和書籍(編)

A5判／並製／本体28,000円+税

① 『舞姫』舞姫／うたかたの記／文づかい／そめちがへ／妄想
② 『高瀬舟』高瀬舟／半日／寒山拾得／普請中／堺事件／護持院原の敵討
③ 『山椒大夫』山椒大夫／阿部一族／最後の一句／興津弥五右衛門の遺書
④ 『雁』雁
⑤-1 『渋江抽斎』
⑤-2 『渋江抽斎』
⑥ 『鼠坂』鼠坂／追儺／佐橋甚五郎／蛇／木精／空車／心中／椙原品百物語
⑦ 『ヰタ・セクスアリス』ヰタ・セクスアリス／魔睡

## SDGsとは何か
世界を変える17のSDGs目標

安藤顯 著

46判／並製／230頁　本体1,700円+税

●21世紀に入り、世界の人口はますます増加の一途をたどりつつある。それにともなって、環境汚染、資源枯渇、貧富差の拡大などをはじめとするいろいろな問題が深刻さを増している。人類の活動が地球のキャパシティを超えたまま手をこまねいていれば、早晩、取りかえしのつかない状況に陥ってしまう。その危機から地球、そして人類を救うのがSDGsである。本書はその成り立ちから現状、今後の課題を丁寧に解説する。